Francesco Papafava

Führer in FOREN UND KOLOSSEUM

EDITORIALE MUSEUM

Zeichnungen und Kartographie, Sebastiano Ranchetti
Graphik und Umbruch, Sabrina Moroni
Produktion und Druck, ATS Italia - Roma
Auflage, Februar 1995
Übersetzt von Eva Canzio

BIBLIOGRAPHIE FÜR TEXT, ZEICHNUNGEN UND KARTEN

G. LUGLI, *Il Foro Romano e il Palatino,* Bardi, Roma, 1971
G. COZZO, *Il Colosseo*, Palombi, Roma, 1971
L. FRANCHI DELL'ORTO, *Roma Antica,* Scala, Firenze, 1982
C. HÜLSEN *Il Foro Romano*, Quasar, Roma, 1982 (anast.ed.1905)
F. COARELLI, *Roma,* Laterza, Roma-Bari, 1989
Civiltà dei Romani, a cura di S.SETTIS, Electa, Milano, 1990
Roma e l'Italia, Scheiwiller, Milano, 1990
Roma, Touring Club Italiano, Milano, 1993

FORUM ROMANUM

Hinter dem Eingang aus dem 16. Jahrhundert kommt man rechterhand an den Ruinen einer künstlich angelegten *Terrasse*, eines *Platzes* aus der Kaiserzeit *(tf.A - nr.52)* vorbei. Dort entlang, mit Aussicht auf den *Konstantinsbogen* und das *Kolosseum*, gelangt man nach rund 300 Metern zu einem monumentalen, mit weißem Marmor verkleideten Triumphbogen, den *Titus-Bogen (tf. A - nr.2)*, wo sich - mit dem Kolosseum im Rücken - das Panorama des Forum Romanum öffnet, des Zentrums des antiken Roms, das an seinem Ende vom Kapitolshügel abgegrenzt wird.

Forum. *Für die Lateiner bezeichnete das Wort Forum den Ort, an dem Waren verkauft, Geschäfte abgewickelt, an dem der Markt lag. Ursprünglich befanden sich die Foren nicht innerhalb der Wohnviertel. Das älteste römische Forum war das* Forum Boarium (s.S.44) *zwischen dem Palatinhügel und dem Tiber. Das Forum Romanum war der Überlieferung nach zunächst der Marktplatz der Sabiner und Lateiner, die nach der Vereinigung der beiden Völker im 8. Jh. vor Christus am Quirinalshügel und auf dem Palatin lebten: Dokumentiert ist, daß das Forum im 4. Jh. vor Christus nicht mehr nur als Marktplatz diente, sondern zum religiösen und politischen Mittelpunkt wurde.*

1. Luftaufnahme des Forum Romanum und vom Kolosseum

2. Forum Romanum vom Titus-Bogen

Panorama von links nach rechts

Links liegt der *Palatinhügel*, auf dem im berühmten Zeitalter der Renaissance ein Park **(Farnesische Gärten, tf.A - nr.64/E)** mit dem weltweit ersten Botanischen Garten angelegt wurde. Ebenfalls auf dem Hügel die großen Mauern **(tf.C - nr.64/B)** des **Kaiserplastes** (erste Hälfte des 1. Jh. nach Chr.), darunter die drei Säulen mit Gebälk (2. Jh. nach Chr.) des **Kastor und Pollux-Tempels (tf.A - nr.19)**. Dahinter, zu Füßen des Kapitols, die quadratischen Öffnungen **(tf.A - nr.39)** des **Portikus der Dei Consenti** - des Rats der zwölf obersten Götter - (4. Jh. n. Chr.); davor mehrere Säulen mit Gebälk (3. Jh. nach Chr.) des **Saturn-Tempels (tf.A - nr.40)**, zwei Säulen (**tf.A - nr.**38) des **Vespasian-Tempels** (1. Jh. nach Chr.): zuletzt **(tf.B - nr.23/G)** die alleinstehende **Ehrensäule des Kaiser Phokas** (7. Jh. nach Chr.): dann der großartige **Bogen des Septimius Severus (tf.A - nr.33)**, der 203 nach Chr. errichtet wurde.
Hinter diesen Monumenten am Kapitolsabhang eine kulissenartige Steinfassade mit sechs Fenstern im ersten Stock und drei Arkadenöffnungen im zweiten: es handelt sich um das **Tabularium** (1. Jh. vor Chr.), wo das römische Reichsarchiv **(tf.A - nr.37)** aufbewahrt wurde. Seit dem Mittelalter bildet das Tabularium das Untergeschoß für den **Senatorenpalast**, der seither das Zentrum der Politik und Verwaltung Roms und noch heute Sitz der Stadtregierung ist. Rechts ein mittelalterlicher **Turm mit Zinnen** (Mitte 15.Jh.) neben dem Tabularium und dem Senatorenpalast. Dahinter sieht man eine Seitenfassade und die Apsis der Kirche **Aracoeli**, die im 14. Jh. über

dem Areal der antiken *arx*, dem Verteidigungsfelsen des archaischen Roms, errichtet wurde. Darüber beherrscht das **Nationaldenkmal** für **Vittorio Emanuel II**. den Kapitolshügel auf der einen und die Piazza Venezia mit dem beginnenden Geschäftsviertel auf der anderen Seite. Es wurde um die Jahrhundertwende in Erinnerung an die 1870 sanktionierte Einheit Italiens gebaut. Zwei Bronzegruppen mit der beflügelten *Viktoria* erinnern an die Geburtsstunde des Königsreichs Italien. Darunter **(tf.A - nr.66)** die Fassade der Spätrenaissance der kleinen, **St. Joseph dem Tischler** geweihten, Kirche, die über dem *Mamertinischen Kerker*, dem Staatsgefängnis des antiken Rom, errichtet wurde. Rechts die Kuppel (17. Jh.) der Kirche der **Heiligen Lukas und Martina (tf.A - nr.31).** Unter der Kuppel liegt das Dach der **Kurie (tf.A - nr.30)**, des Versammlungsortes des römischen Senats. Näher an uns die Kirche **Sankt Lorenz in Miranda (tf.A - nr.16)** mit Säulen aus dem 2. Jh. n. Chr., die wie so viele Kirchen im frühen Mittelalter in den Mauern und zwischen den Säulen antiker heidnischer Tempel eingerichtet wurde: im **Tempel des Antoninus Pius und der Faustina (tf.A - nr.15)**. Wenige Schritte entfernt liegen der **Tempel des Romulus (tf.A - nr.7)**, ein runder Backsteinbau aus dem Anfang des 4. Jh. n. Chr. und die majästetischen Arkaden **(tf.A - nr.4)** der **Maxentiusbasilika**. Rechts die Kirche **(tf.A - nr.3)** der **Heiligen Francesca Romana** (Travertinfassade aus der Spätrenaissance: 1615) mit einem Glockenturm aus dem 12. Jh., über den Mauerresten des **Tempels der Venus und der Roma (tf.A - nr.1)** errichtet. Dort befindet sich heute das Amt für die Erhaltung antiker Kulturschätze.

Geschichte

Der Blick über das Forum Romanum, Geschichte und Architektur aus Jahrhunderten, Jahrtausenden.
Unklar ist, wann das Tal, das später zum Forum wird, und die das Tal flankierenden Hügel erstmals bewohnt waren. In Latium um Rom gab es menschliche Siedlungen bereits in der frühen Altsteinzeit vor mehreren Jahrhunderttausenden Jahren, wie Funde von Steinwerkzeug im Sand des Tibers belegten. Etwas dichter besiedelt sind das Tiber-Tal und die Albaner-Bergen im mittleren Paleolithikum (124-40.000 v.Chr.). Die eigentliche, zum Teil dokumentierte Geschichte der Halbinsel jedoch beginnt um 1.600 v. Chr. mit der Ankunft von indoeuropäischen Nomaden aus der heutigen Ukraine. Sie waren mit der Metallverarbeitung vertraut und sind die Stammesväter der Lateiner und Sabiner, die sich im heutigen Nord- und Mittellatium niederließen. Ein wichtiger Motor für ihre Zivilisation war die griechische Kolonosierung Süditaliens in der ersten Hälfte des 8.Jh. v. Chr.. Den Griechen verdankt Italien die Einfuhr von Weizen, Weintrauben, Oliven, des Alphabets und des Handels. Es ist kein Zufall, daß eine alte Sage den Namen Italien auf den mythischen Gründer der ersten griechischen Kolonie, *Italo*, zurückführt. Eine Bezeichnung, die bleiben wird und seit dem 1. Jh. v.Chr. für die Halbinsel Italia steht.
Griechische Schiffsfahrer und Händler kamen an Tiber-Ufer und ihre angrenzenden Hügel *(Foro Boario)* lange vor der legendären Gründung Roms (753 v.Chr.), die von antiken Historikern, von Sagen und von archäologischen Fundstücken belegt wird.

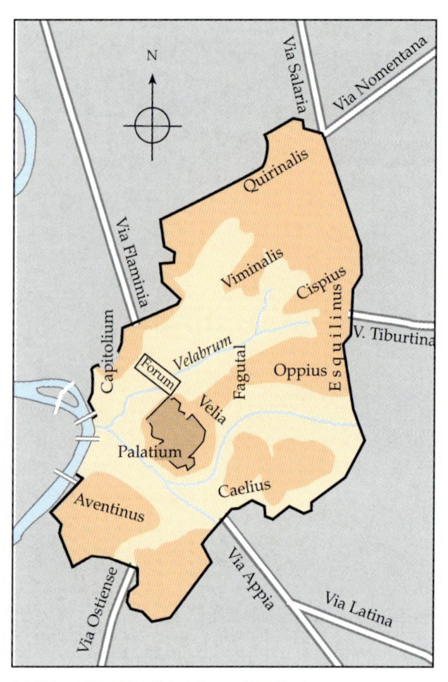

3. Das Stadtgebiet innerhalb der Servianischen Mauern

Die Römer führen ihre Abstammung auf ihren Gründer Romolo, den ersten König Roms, zurück; auf Aeneas, den Helden aus Troja, Sohn der Liebesgöttin Venus, der der Zerstörung Trojas an der heutigen türkischen Küste entfloh. Als er an der Tiber-Mündung mit anderen trojanischen Frauen und Männern mit der Hilfe griechischer Siedler landet, besiegt er Turno, den Häuptling einer lokalen Tribu, und heiratet Lavinia, die Tochter des lateinischen Königs der Eingeborenen, nach dessen Tod er sein Erbe antritt. Die Eingeborenen und Trojaner nehmen zu diesem Zeitpunkt die Bezeichnung Lateiner an. Julius, der Sohn von Aeneas, gründet in den Albaner-Bergen das sagenhafte Alba Longa, die Vorgängerstadt Roms. Rea Silvia, die Tochter des 16. Königs von Alba Longa, Numitor, gebärt als Vestalin die Zwillinge, Romulus und Remus, dessen Vater kein geringerer als der Kriegsgott Mars gewesen sein soll. Amulius, der Onkel Reas, der ihren Vater Numitor entmachtet hat, fürchtet sich vor der Rache der beiden Jünglinge und setzt die Neugeborenen in einem Korb am Tiber aus, der die nördliche Grenze des lateinischen Territoriums bildet. Vom Strom des Flusses getrieben, gelangt der Korb an den Germalo (tf.C - nr.66) *am Palatin zur Palude Velabro (das zukünftige Forum Boarium), wo die Zwillinge in einer von einem Feigenbaum versteckten Grotte von einer Wölfin gesäugt und anschließend vom Schäfer Faustolo gefunden und aufgezogen werden. Als reife Männer gelangen sie mit Männern des Amulius in Streit und töten den Usurpator. Als sie von Faustolo über ihre königliche Abstammung informiert werden, stürmen sie Alba Longa und rächen ihren Großvater Numitor. Anschließend kehren sie an den Palatin zurück, wo Romulus 753. v. Chr. Rom gründet. Im Streit über die Vorherrschaft tötet Romulus Remus. Auf den Kapitolshügel, der am Felsen geschützt liegt, holt Romulus zur Bevölkerung der Stadt flüchtige Männer mit verschiedenster Vergangenheit. Als Vorsitzender dieser zum Teil sehr schwer regierbaren und über Frauenmangel unzufriedenen Männer organisiert er den Raub der jungen Töchter der sabinischen Stämme, die am gegenüberliegenden Quirinalshügel leben. Am Fest des Conso - des Schutzgottes der Ernte (21.August), dessen Altar im Murcia-Tal liegt an der Stelle des späteren* Circo Massimo (tf.C - nr.55) *- organisiert er Pferderennen, bei denen die jungen Sabinerinnen entführt werden. Unter dem Kommando von Titus Tatius marschieren die Sabiner auf Rom zu, nachdem sie mit Hilfe der in Titus verliebten Römerin, Tarpeia, das Kapitol erstürmten. Ohne die Hilfe der Götter wären die Römer überrannt worden. Doch die Götter helfen nach ihrer Uberzeugung: Zunächst der alte lateinische Gott Janus, dann Zeus (der griechische Gott der Götter) und letztendlich helfen auch die geraubten Sabinerinnen, die um Versöhnung flehen. Titus Tatius und Romulus einigen sich auf eine Mitregentenschaft über die Siedlungen der beiden Völker und organisieren ein gemeinsames Wohngebiet, das den Namen Rom erhält; die Bewohner heißen "Quiriti" nach der sabinischen Siedlung* Curi *auf dem Quirinalshügel und dem sabinischen Gott* Quirino, *dem Schutzherren der Landwirte. Als Titus Tatius nach kurzer Zeit stirbt, regiert Romulus alleine über die beiden*

Völker, die sich bald zu einem Volk verschmelzen. So steht es in historischen Legenden römischer Autoren.

Im Tal des Forums wurden Reste einer *Nekropole (tf.A - nr.10)* aus dem 10. Jh. v.Chr. (Eisenzeit) gefunden, deren Grabstätten über das ganze Tal verstreut lagen. Das Areal im Tal wurde schon in vorgeschichtlicher Zeit als Begegnungsstätte und Ort für offizielle Zeremonien genutzt. Schon lange vor der Gründung Roms siedelten hier lateinische Menschen, die vermutlich aus ihren Orten in den Albaner Bergen vertrieben worden waren. Hier lag eine Siedlung für den Salzhandel (von der Küste), für den Kauf und Verkauf von Tieren (das spätere *Forum Boarium*), mit Weiden für die Schäfer mit ihren Herden. Letztere siedelten zuvor (in der Bronzezeit) an den Tiberufern, an denen die Nomadenvölker von Nord nach Süden und umgekehrt zogen. Später, als die ersten Siedlungen auf dem Palatin entstanden, ließen sich am Quirinalshügel die Sabiner nieder: Schäfer und Landwirte aus den Bergen im Norden, die sich mit der lateinischen Bevölkerung vermischten. Die geografische Lage des Tals zwischen Palatin und Quirinalshügel bildete die Voraussetzung zur Schaffung des politischen und regliösen Zentrums für die zunehmende Bevölkerung. Der Felsenhügel Kapitol dagegen wurde zum Zentrum *Arx*, an das sich zu Beginn des 8. Jahrhunderts die Siedlungen immer dichter schmiegen.

Die Bürger organisierten sich in einer monarchischen Staatsform. Im 7. Jh. v.Chr. wurde der Überlieferung nach die Religion des Feuerkults eingeführt, der das Ewige Feuer, das ständig für das *Königshaus (tf.A - nr.11)* brannte, vorschrieb. Die *Kurie*, (der Raum

4. Die Kapitolinische Wölfin (Kapitol Konservatorenpalast

für die Beratungen der wichtigsten Kraft-curiae-des römischen Volkes) wo sich die Senatoren als Ratgeber des Königs versammelten (von senex "alt", also der Rat der Älten) und das *Comitium (tf.A - nr.28)* (von gemeinsam vorangehen) für die Volksversammlungen stammen aus demselben Jahrhundert.
Die sieben Könige Roms - mythische Gestalten die ersteren und historisch dokumentiert die letzten - regierten bis 509 v. Chr., als sich die stärker gewordene Oligarchie der Senatoren von der Vorherrschaft der etruskischen Könige befreite.
In den Jahrhunderten der etruskischen Herrschaft (ein sehr ziviles Volk, das im Norden des Tiber und in der heutigen Toskana lebte) entsteht die eigentliche Stadt Rom. Um das Jahr 600 wird das Gebiet um den *Velabro* trockengelegt (die Etrusker waren Meister in der Hydraulik). Im Forum wurde der erste Platz (das eigentliche Forum) gepflastert, an dem sich Marktbuden (tabernae) ansiedelten. In der ersten Hälfte des 6. Jh. wurden die ersten, elf Kilometer langen, Stadtmauern errichtet, die ein 427 Hektar großes Gebiet umfaßten: den ganzen römischen Hügel-Komplex, der weit über unser Blickfeld hinausreicht.

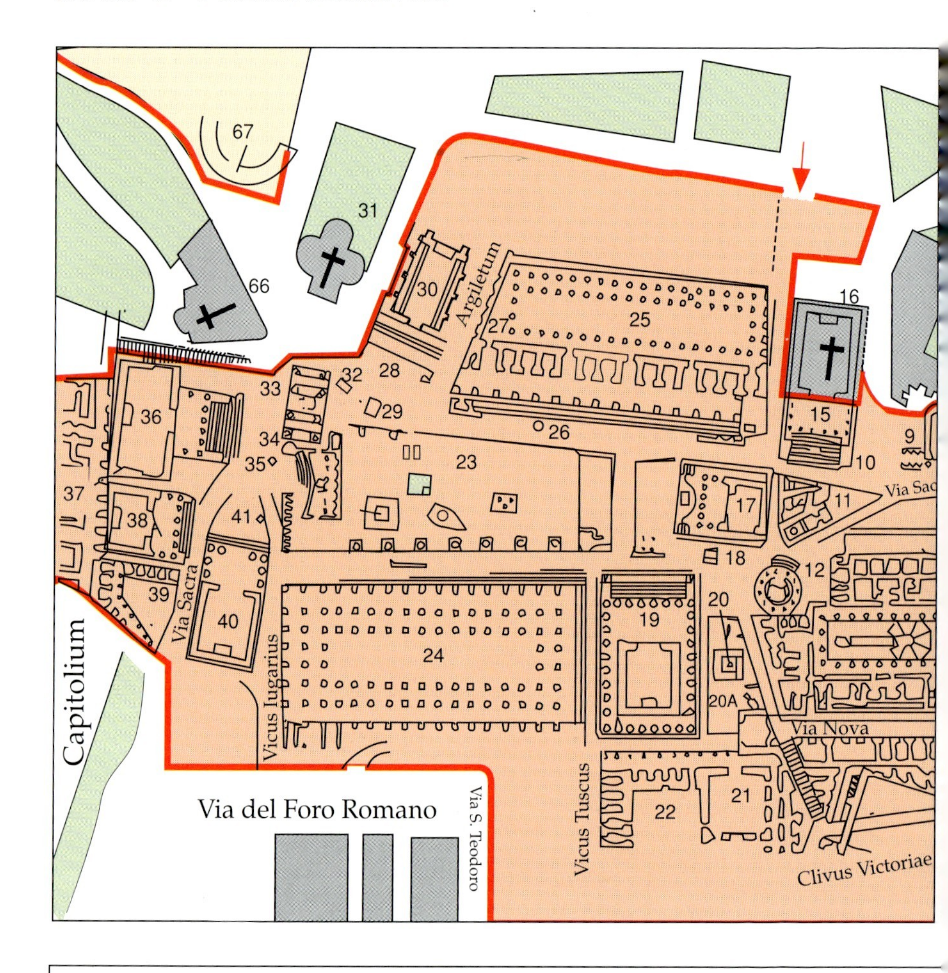

1)	Tempel der Venus und Roma	12)	Tempel der Vesta
2)	Titus-Bogen	13)	Haus der Vestalinnen
3)	Santa Francesca Romana	14)	Öffentlicher Bau
4)	Maxentius Thermen	15)	Tempel von Antonino und Faustina
5)	Mittelalterlicher Portikus	16)	San Lorenzo in Miranda
6)	Heiligtum von Bacchus und Kybele	17)	Tempel des Divus Julius
7)	Tempel des "Romulus"	18)	Bogen des Augustus
8)	Santi Cosma e Damiano	19)	Tempel der Kastoren
9)	Haus aus republikanischer Zeit	20)	Lucturna Quelle
10)	Archaische Grabstàtte	20/A)	Tempel der Iucturna
11)	Regia	21)	Santa Maria Antiqua

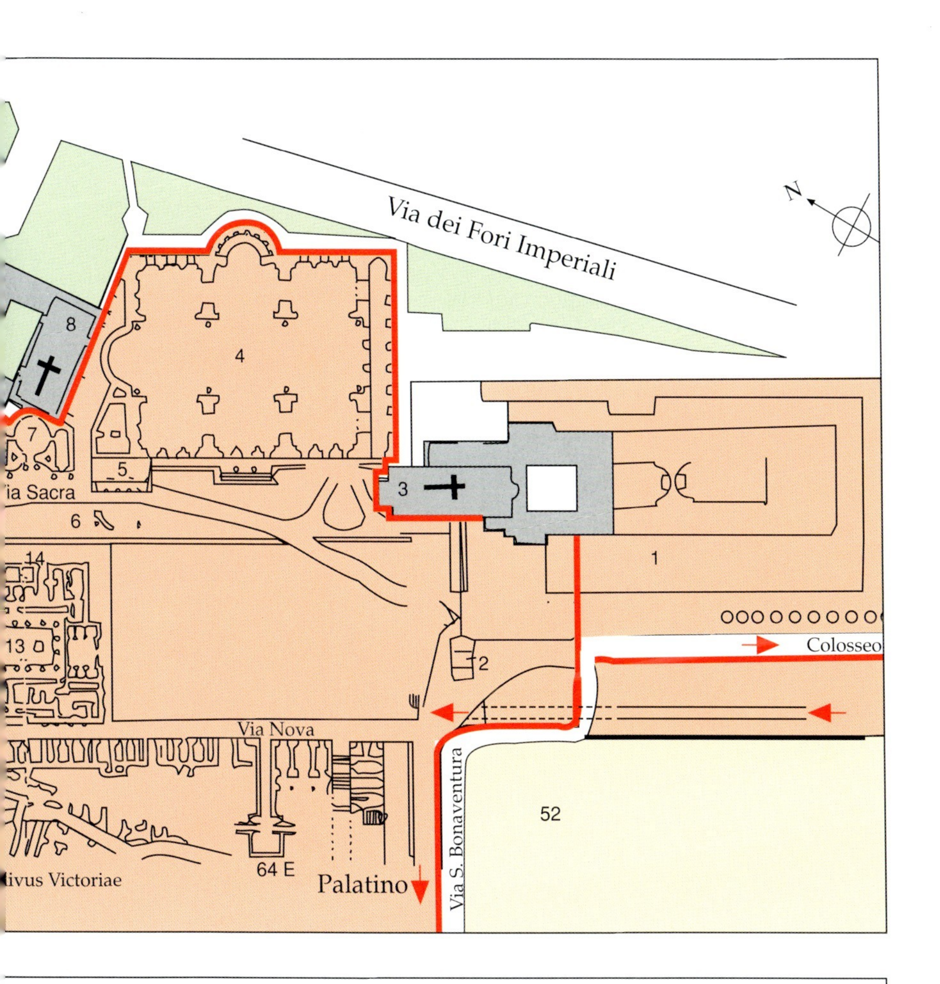

22)	*Athenaeum (?)*	34)	*Ombelicus Urbis*
23)	*Der Platz*	35)	*Altar des Saturn*
24)	*Basilika Julia*	36)	*Tempel der Concordia*
25)	*Basilika Aemilia*	37)	*Tabularium*
26)	*Heiligtum der Venere Cloacina*	38)	*Tempel des Vespasian*
27)	*Kloake Maxima*	39)	*Tempel der Dei Consenti*
28)	*Komitium*	40)	*Tempel des Saturn*
29)	*Lapis Niger*	41)	*Miliarum Aureum*
30)	*Kurie*	52)	*Terrasse von San Sebastiano*
31)	*Santi Luca e Martina*	64/E)	*Farnensische Gàrten*
32)	*Podest Konstantins II*	66)	*San Giuseppe der Tischler*
33)	*Bogen des Septimius Severus*	67)	*Caesar-Forum*

DIE SIEBEN KÖNIGE ROMS
(traditionelle datierungen)

Auf **Romulus** folgte **Numa Pompilio** (715-673), ein Sabiner und Schwiegersohn des Titus Tatius: Ihm wurde fälschlicherweise die Einführung einer neuen Religion zugeschrieben. Nach Numa Pompilio regierte **Tullus Ostilius** bis 642 v.Chr.: er soll Alba Longa zerstört und die Vorherrschaft Roms über das ganze lateinische Territorium besiegelt haben: außerdem werden auf ihn die Grundmauern für die *Curia Hostilia*, den ursprünglichen Senat, zurückgeführt.
Anco Marzio, der bis 616 lebte, soll den Hafen von Ostia an der Tiber-Mündung gebaut und zahlreiche lateinische Städte erobert haben, deren Bevölkerung er nach Rom deportierte. Sie bildeten die Klasse der Plebejer (im Gegensatz zu den Patriziern) - den untersten Stand der Bewohner. Die Patrizier (von *patres*), die dominierende Schicht, stammen von den Ureinwohnern Roms ab. Die Legenden um Romulus sind der Mythologie zuzurechnen. Es gibt aber auch keine historischen Beweise dafür, daß die drei etruskischen Könige nach ihm tatsächlich regierten. Die Taten aber, die ihnen zugeschrieben werden, sind keine Erfindung.
Die nachfolgende Dynastie der etruskischen Könige - insgesamt stand Rom ein Jahrhundert unter etruskischer Herrschaft - sind historisch nachweisbar.
Tarquinius Priscus (616-578) soll genauso wie seine Vorgänger vom Volk gewählt worden sein. Während seiner Herrschaft wird Rom zur Stadt. Kanalisationen werden angelegt, die feuchten Sümpfe ausgetrocknet und der erste Platz im *Forum Romanum* wird gepflastert und mit Markbuden belebt. Auch der erste *Circus Maximus* entstand während der Herrschaft des Tarquinius Priscus.
Servius Tullius - der bis 535 regierte - leitete seinen Machtanspruch aus der königlichen Nachfolge ab. Unter ihm wird die Bevölkerung in soziale und steuerrechtlich abgeleitete Klassen eingeteilt (Einteilung, die auch während der Republik bestehen bleibt), wonach je nach Zuteilung die zivilen und militärischen Rechte und Pflichten für die einzelnen Bürger festgeschrieben werden. Servius ließ die Stadt vermutlich mit einem Schutzwall befestigen, der alle tiberischen Hügel umfaßte und auch das Zeitalter der Republik überdauerte.
Tarquinius Superbus regierte als Tyrann über die Stadt und wurde 509 v. Chr. verjagt. Es war das Ende der etruskischen Königsherrschaft und der Anfang der Republik Rom. Der letzte etruskische König soll den *Tempel für Jupiter* auf dem Kapitol errichtet haben.

RUNDGANG IM FORUM

Tempel der Venus und Roma (tf.A - nr.1) Auf einem weiten Plateau, das sich bis zum Kolosseum zieht, liegt unser Ausgangspunkt. Zum Kolosseum hin stehen rechts zehn Säulen aus grauem Granit (aus Ägypten) eines früheren Portikus, der sich dem Plateau entlang erstreckte. Hier lag einer der größten Tempel der Antike, den Kaiser Hadrian im 2. Jh. n.Chr. errichten ließ. Reste seiner Cella (Innenraum von Tempel) befinden sich im Kloster aus dem 16./17. Jahrhundert. Die Cella war in zwei Apsisräume unterteilt, die in entgegengerichtete Himmelsrichtungen angelegt waren und als Modell für die großartigen Altarräume der Renaissance galten. Dieser besser erhaltene Teil kann am besten vom *Antiquarium* aus (dem Museum mit archäologischen Fundstücken aus dem Forum) im Kloster besichtigt werden. Die zweite Apsis liegt zum Kolosseum hin über den massiven Bauten des Plateaus.

***Venus**. Lateinische Göttin der Vegetation. Eine sehr antike Gottheit, die schon vor der Gründung Roms verehrt wird. Im 2. Jh. v. Chr. wird sie der griechischen Liebesgöttin Aphrodite gleichgestellt.*

Hadrian (Publius Aelius Hadrianus). *Besteigt den Thron 117 n. Chr. nach dem Tod von Kaiser Trajan - seinem Cousin, der ihn adoptiert hatte. Er ist nicht nur ein geschätzter Soldat und dennoch Mann des Friedens, sondern auch ein diplomatischer Verwalter. Er besucht alle Provinzen des Reichs und legt die Grenzen zum germanischen Reich und zum Donauraum fest. Er ist begeisterter Literat, Musiker, Architekt und großer Bewunderer der griechischen Kultur. 138 n. Chr. stirbt er 62jährig.*

5. *Titus-Bogen*

Titus-Bogen (tf.A - nr.2) Die Grundpfeiler des 15,40 Meter hohen, 13,50 Meter breiten und 4,75 tiefen Triumphbogens wurden 1822 bei einer Renovierung in Travertin erneuert, einem Kalkstein aus den Steinbrüchen aus Tivoli unweit von Rom. Der antike Teil ist mit weißem Marmor verkleidet (vom Berg Pentelico nahe Athen in Griechenland). Auf der Seite zum Kolosseum hin zeigt das Relieffries die *Triumphfeiern* für die Brüder Vespasian und Titus im Jahr 71 n.Chr. nach dem Sieg im judäischen Krieg, bei dem ein Jahr zuvor der Tempel in Jerusalem (70n. Chr.) zerstört wurde und die Diaspora des jüdischen Volkes begann. In der Volta *Roma* und zweimal *Viktoria*. An der Innenwand sind *Triumphszenen* der siegreichen Feldherrn: 1) links der Prozeßbeginn am Tor des Triumphs mit den silbernen Trompeten und dem siebenarmigen Kandelaber aus dem Tempel Jerusalems: 2) gegenüber die kaiserliche Quadriga mit Titus. Sie wird von der Stadtgöttin Roma gezogen, Viktoria - die Personifikation des Sieges - krönt den Kaiser. Sie führt die Pferde, vor ihr die Liktoren (Militaers mit Bündel, Symbol der Macht Roms). Dahinter das einfache Volk mit nackten Oberkörpern und die Senatoren in Toga. 3) In der obersten Wölbung der kassettierten Volta wird *Titus von Jupiters Adler zum Himmel getragen.* Wie auf der Inschrift zu lesen ist, wurde der Bogen von Domitian nach 81.n.Chr. - nach dem Tod des Titus - errichtet.

Vespasian (Titus Flavius Vespasianus). *Der im Orient des Reiches kriegsdienstleistende General wurde 69 n.Chr. von seinen Truppen zum Kaiser ausgerufen. Geschätzter Soldat, Regent und Verwalter. Verschönert Rom mit grandiosen Bauten. Nach seinem Tod läßt er das Reich seinem Sohn Titus.*

Titus (Titus Flavius Vespasianus). *Besteigt 79 n.Chr. nach dem Tod seines Vaters den Thron. Exzellenter*

Militärstratege; unter ihm wird Britannia dem Reich annektiert. Als er 81 n.Chr. 42jährig stirbt, hinterläßt er eine recht positive Erinnerung bei seinem Volk.

Domitian (Titus Flavius Domitianus). *Folgt seinem Bruder Titus auf dem Thron. Er ist der letzte Kaiser der Flavier und läßt viele Bauten Roms nach dem Brand im Jahr 80 renovieren. Mit absoluter Härte konsolidiert er die Kaisermacht und verfeindet sich mit dem Senat. 45jährig fällt er 96 n.Chr. einer Palastrevolte zum Opfer, an der auch seine eigene Frau teilnimmt. Der Senat verurteilt ihn zur damnatiae memorie (dem Nicht-Gedenken), wonach alle Erinnerungen (Inschriften und Skulpturen) an ihn zerstört wurden.*

Via Sacra. Unter der Treppe des Tempels der Roma und Venus ist das Pflaster der Heiligen Straße erhalten, der ältesten und bedeutendsten Straße des Forums. Ihren Namen Heilige Straße erhielt sie, nachdem Romulus und der Sabiner Titus Tatius nach dem Friedensschluß zwischen Römern und Sabinern diesen Weg entlangzogen. Sie führte zum Kapitol und war seither die Straße der großen Prozessionen. Das Pflaster wurde unter Augustus (27.v.Chr. bis 14 n.Chr.) gelegt und im vergangenen Jahrhundert bei archäologischen Ausgrabungen entdeckt. Dabei wurden eine später unter Nero angelegte, breitere Straße und Grundmauern aus dieser Zeit zerstört, weil man sie für Reste aus dem Mittelalter hielt. Dies ist der Grund, weshalb alle davor errichteten Bauten, wie der Titus-Bogen und andere, freiliegende Fundamente haben, Die Ruinen auf den links liegenden Grünflächen wurden großteils abgerissen. Dort stenden Wohnhäuser. Sie waren auf Resten aus Neros Zeit gebaut, vielleicht dem Vestibül von Neros *Domus Aurea* (das Goldene Haus des Nero) *(s.S. 46)*, das nach dem Brand im Jahr 64 anstelle eines Wohnviertels errichtet wurde. Bis dahin lag dort eines der elegantesten Wohnviertel aus republikanischer Epoche, das sich bis zum Palatin hinzog.

Nero (Nero Claudius Caesar). *Der Stiefsohn des Kaisers Claudio wurde 54 nach dessen Tod von den Prätorianern (Miliz-Elite, die von Kaiser Augustus zur Verteidigung des Kaiserpalastes berufen wurde) als ihr Herrscher begrüßt. Er war ein extravaganter, intelligenter und gleichzeitig recht grausamer Herrscher, der seine eigene Mutter und zwei Ehefrauen ermorden ließ. Die Römer machen ihn für den Brand im Jahr 64 verantwortlich. Unter ihm beginnen die Christenverfolgungen, als er die Anhänger des neuen Glaubens in Stadien der Stadt grausam ermorden ließ. 68 veranlaßt ihn eine Revolte der Prätorianergarde, seinen treuesten Diener um den Todesstoß zu bitten. Er war der letzte Kaiser der Julier.*

Maxentius-Basilika (tf.A - nr.4) wurde auf einer Fläche 100x65 Meter als dreischiffiges Handelsgebäude von Kaiser Maxentius (306-312) gebaut, nachdem zu diesem Zweck der Hügel *Velia* abgetragen worden war. Bedeutendende Mauerreste des Nord-Schiffes sowie der Hauptachse mit einer Apsis zum Friedensforum im Osten - Scheitelhöhe 35 Meter/Fläche von 80x25 - sind durch drei Gewölbebogen erreichbar. Acht, 14,50 Meter hohe Säulen (die einzige davon erhaltene steht heute vor der Marienkirche Santa Maria Maggiore) stützten die Volta. Konstantin, der Nachfolger von Maxentius, fügte dem Bauwerk einen schlichten Eingang von der Via Sacra aus hinzu, von dem keine Reste erhalten sind. Eine Kolossalstatue Konstantins (s.S. 53), dessen

6. Maxentius-Basilika

erhaltene Reste - der Kopf, Hände und Füße - im Innenhof des Konservatorenpalastes auf dem Kapitol stehen, befand sich in der Apsis der Hauptachse, von der nur geringe Mauerreste erhalten sind.

Basilika. *Es handelte sich um öffentliche Gebäude, die als Versammlungsorte, als Gerichtsgebäude und als Treffpunkt für geschäftliche Beratungen genutzt wurden. Ihre Hauptachsen waren rechteckig angelegt, manchmal mit Apsis, an die beiderseits ein oder zwei von Pilastern gestützte Seitenschiffe angegliedert wurden. Sie dienten als Modell für die ersten christlichen Kirchen.*

Maxentius (Marcus Aurelius Valerius Maxentius). *Der Sohn von Kaiser Maximinian wird 306 von der Prätorianergarde zum Kaiser ausgerufen kann aber nicht die Unterstützung der Legionen aus den Provinzen erobern. Er stirbt 34jährig in der Schlacht gegen Konstantin an der Milvischen Brücke vor den Toren Roms.*

Konstantin (Flavius Valerius Costantinus). *General in Britannien und vom Herr ausgerufener Kaiser. Vom Norden zieht er Richtung Rom und besiegt am 28. Oktober 312 die Prätorianergarde des Maxentius, der beim Einsturz der Milvischen Brücke stirbt. Ein Jahr später verabschiedet Konstantin das Edikt von Mailand, das die Religionsfreiheit in seinem Staat festschreibt und den Christenverfolgungen ein Ende setzt. In hohem Alter tritt auch Konstantin zum christlichen Glauben über. Im Jahr 326 verlegt er die Hauptstadt des Reichs nach Byzanz (heute Istanbul) und gibt der Stadt am Bosporus den Namen Konstantinopel. Seinen Feinden gegenüber war er äußerst hart. Er ließ auch seinen Sohn und seine Ehefrau, die Schwester von Maxentius, töten. Er starb 57jährig in Kleinasien und wurde in Konstantinopel begraben.*

Heiligtum von Bacchus und Kybele (tf.A - nr.6) Der Straße entlang, unter einem *mittelalterlichen Portikus (tf.A - nr.5)*. Gegenüber die Ruinen eines Exedra-Baus, einer Rundmauer- unter Antonino Pio (138-161) renoviert, die den Rundtempel umrahmte der den beiden mit orgiastischen Riten gefeierten Gottheiten gewidmet war.

Bacchus. *Auch Dionysos genannt; Sohn des Zeus (dem Gottvater der Griechen) und von Semele, einer griechischen Heldin; ist der Gott der Reben und des Weins. Die auf Semele eifersüchtige Frau des Zeus, Hera, verdammt ihn zum Wahnsinn. Bacchus irrt durch Ägypten, Syrien und Kleinasien, wo ihn Kybele vom Wahnsinn befreit und in mystisch-orgiastische Riten einweiht. Zunächst in Griechenland und nach dem 1. Jh. v.Chr. auch in Rom mit ausschweifenden Festen, den Baccanalen oder Trinkgelagen, zelebriert, die den bekanntesten Dichtern der Jahrhunderte Stoff für zahlreiche Theaterstücke lieferten.*
Kybele. *Göttin des mystischen Deliriums. Ihr Kult breitet sich aus Kleinasien über Griechenland nach Rom aus. Sie galt als Mutter aller Göttinnen und Personifizierung der Naturmacht, vor allem der Vegetation.*

Tempel des Romulus (tf.A - nr.7). Vom mittelalterlichen Portikus aus geht es zur eigentlichen *Via Sacra* in Richtung Norden (wo das antike Pflaster erhalten ist) ab. Hier etwa lag die *Porta Mugonia*, eines der drei Tore der Festungsmauern, die den Palatin einrahmten und laut Tacitus (Anfang 2. Jh.n.Chr.) von Romulus errichtet wurden. Auf der Seite des Portikus liegen die Reste des Tempels von Romulus, dem Gründer Roms: ein runder Backsteinbau, dessen orginale Bronzetor erhalten ist. Ursprünglich ging man davon aus, daß er von Maxentius seinem früh verstorbenen Sohn, Romulus, gewidmet wurde. Heute

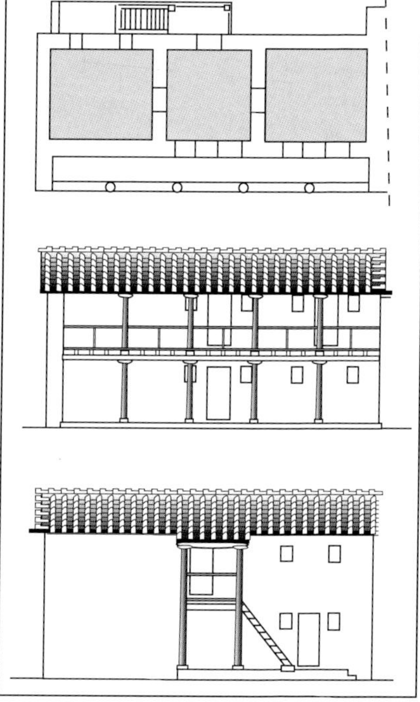

7. Haus aus republikanischer Zeit

weiß man, daß er den **Rundtempel für Jupiter Statore** über einen älteren Romulus-Tempel bauen ließ. Die zwei angrenzenden absidialen Säle neben der Rotunde (die rechte bewahrt die originellen Marmorsäulen mit Marmor von der Insel Eubea) waren für den Kult der Penaten bestimmt, zwei Schutzgötter oder Hausgötter, deren Kult mit dem trojanischen Helden Aeneas nach Rom kam. Sie wurden anstelle eines archaischen Tempels errichtet, der vermutlich beim Bau der Maxentius - Basilika zerstört wurde. Daneben lag ein Bau - vermutlich als Bibliothek genutzt aus der Zeit des Vespasian, der im 6. Jh. den Zugang zur mittelalterlichen *Kirche SS.*

Cosma und Damiano (tf.A - nr.8) bildete. Links vom Tempel sind Überreste eines **Baus (tf.A - nr.9)** aus republikanischer Zeit.

Jupiter Statore. *Jupiter ist der oberste römische Gott, vergleichbar mit dem griechischen Zeus. Der Beinahme "Statore" rührt aus den Gründungszeiten Roms: in Statore wurden der Überlieferung nach die Sabiner unter Titus Tatius zurückgeschlagen, als sie nach dem Raub ihrer Frauen in Rom einfielen.*

Archaische Grabstätten (tf.A - nr.10). Wiesenbeete deuten die Stelle an, an der 41 Gräber einer archaischen Grabstätte davon zeugen, daß das Gebiet um das Forum und den Palatin bereits im 10. und 11. Jh. v. Chr. bewohnt war. Die frühesten Ruhestätten waren frühhistorischen Wohnhütten nachgebaute Grabstätten, in denen die Urnen mit der Asche der Toten beigesetzt wurden (im *Antiquarium* zu sehen). Später nutzte man Erdgräber und auch Kindergräber befinden sich in der Nekropole. Ein Hinweis dafür, daß an dieser Stelle im 9. und frühen 8. Jh. v.Chr. bereits Wohnhütten standen, weil Kinder innerhalb des Wohnbereichs begraben wurden.

Regia, Tempel Der Vesta, Haus Der Vestalinnen, Domus Rex Sacrorum. Auf der anderen Seite der *Via Sacra* stellen mehrere Gebäude das Herz des sakralen Roms aus der Gründerzeit dar.

Regia (tf.A - nr.11): das "Haus des Königs" wurde nach der Darstellung altlateinischer Autoren vom 2. König Roms, Numa Pompilio, gebaut, der die zivile mit der religiösen Macht vereinte und als Begründer der römischen Religion galt.

Zunächst standen hier mehrere Wohnhütten, ähnlich denen auf dem Palatin, die unter etruskischer Herrschaft von Stein- und Mauerbauten ersetzt wurden. In den Anfangszeiten der Republik (509 v.Chr.) wurde hier ein heiliger Bezirk für den Kriegsgott Mars eingerichtet. Die Nordseite dieses Bauwerks wurde von einem trapezförmigen Vorhof zur *Via Sacra* hin abgegrenzt.

In republikanischer Zeit wurde die religiöse Macht von der weltlichen getrennt und dem Rex sacrorum *(dem König der heiligen Dinge) oder Pontifex Maximus (dem Obersten Priester der römischen Religion) unterstellt. Er amtierte in der Regia, in der die* Kalender *und* Annalen *(die in Jahre unterteilte Geschichtsschreibung) und die* Acilia *(die heiligen Waffen des Mars) aufbewahrt wurden. Die Regia war nicht das Wohnhaus des Pontifex.*

Tempel der Vesta (tf.A - nr.12). war mit der danebenliegenden *Regia* verbunden und stand ursprünglich unter der Obhut des Königs, später des Obersten Priesters. Der Ringtempel mit einem Durchmesser von 15 Metern auf hohem mit Marmor verkleideten Podest wurde unter Septimius Severus (193-211) nach einem Brand renoviert. Als die Cella in den 30 er Jahren auf das Rund Podest gestellt wurde, baute man originale Marmorfragmente ein. In der Cella sind Original-Marmortafeln zu sehen. Schwer beschädigt sind die erhaltenen korinthischen Säulen. Der Eingang lag im Osten.

Vesta. *Archaische Lokalgöttin, Hüterin des heiligen Feuers. Im Peripteros mit Dachöffnung für den Abzug des Rauches, brannte unentwegt das heilige Feuer als Symbol für den römischen Hausfrieden. In die Cella, wo das ewige Feuer brannte,*

8. Tempel der Vesta aus der Kaisenzeit (Rekonstruktion)

9. Tempel der Vesta

durften nur die für das Feuer verantwortlichen Priesterinnen. In einer Nische stand die magische Statue der Minerva, die der Überlieferung nach vom trojanischen Helden Aeneas nach Rom gebracht wurde. Nach römischer Überzeugung hingen von ihrer Konservierung das Wohlergehen und die Sicherheit der Stadt ab.

Minerva. *Göttin griechischen Ursprungs-die Pallas Athene entspricht, deren Kult durch Numa Pompilio nach Rom kam. Sie stand den intellektuellen Aktivitäten vor, der Erziehung und dem Unterricht, (daher Ahenaeum) dem Handwerk und der Kriegskunst.*

Haus der Vestalinnen (tf.A - nr.13). Eingang östlich vom Tempel der Vesta. Neben dem Eingang eine kleine Ädikula in ionischem Stil (aus der Zeit Hadrians 117-138), die den *Laren* gewidmet war, italische Götter, die das Haus schützten. Laut Tacitus lag es in der ursprünglichen primitiven Siedlung am Palatin.
Der heutige Umfang des Hauses der Vestalinnen ist der des Baus, der nach dem Brand im Jahr 64 von Nero über der Wohnanlage aus repulikanischer Zeit errichtet wurde. Kaiser Trajan (98-117) und später Septimius Severus (193-211) ließen die Gemeinschaftsräume umfangreich renovieren. Im zweistöckigen Haus, für uns mit einem Kloster vergleichbar, lebten die Vestalinnen. An den Enden des Peristyls (vom griechischen: Innenhof mit Säulen) lagen quadratische Becken, im Zentrum ein rechtechiges aus der Zeit von Kaiser Konstantin. Im Portikus waren auf Sockeln

Statuen von Vestalinnen aufgestellt, die nach Septimius Severus das heilige Amt innehatten. Einige dieser Standbilder sind heute im *Antiquarium* und im Thermenmuseum in Bahnhofsnähe zu sehen.

In der südwestlichsten Ecke stand vermutlich in der Nähe der Treppe zum Palatin hin das Standbild der *Claudia*, einer Vestalin, die zum christlichen Glauben übertrat und deren Name deshalb auf der Sockel-Inschrift gelöscht wurde. Die Erinnerung an diese Frau sollte nicht bleiben, nur noch der erste Buchstabe ihres Namens, das C, ist zu sehen.

In der Mitte des östlichen Teils des Peristyls grenzen sechs Räume, vermutlich einer für jede der sechs Vestalinnen, an einen großen Saal, in dem wahrscheinlich die Statue des Numa Pompilio als Gründer des Vesta-Kults stand (im *Antiquarium*). Numa war der zweite römische König und Gründer des Vesta-Kults. In den zwei linken Räumen des südlichen Flügels vom Peristyl waren die Mühle und die Küche untergebracht, im von hier über Treppen erreichten Obergeschoß befanden sich die Schlafzimmer und die Bäder der Vestalinnen. In der dritten Etage wohnten die Dienstboten.
Im Norden des Peristyls ermöglicht der Zustand der Ruinen keine Identifizierung, oben wurden überdachte Räume als **Domus Rex Sacrorum**, die Wohnanlage des Pontifex Maximus identifiziert, die auch **Domus Publica (tf.A - nr.14) (zur Zeit nor dem Brand unter Nero)** genannt wurde. Hier hatte auch Caesar seine offizielle Residenz, nachdem er 12. v. Chr. zum Pontifex Maximus gewählt worden war: damals wurde die Apsis-Kammer mit den Bädern mit Mosaikfußböden gebaut, in der die Reste der Warmwasserleitungen aus Backstein sowie Marmor- und Mosaikfußböden erhalten sind. An einer Mauer sind blaß Malereien des Baderaums erkennbar. Augustus (27. v.Chr. bis 14.n.Chr.) stiftete die Wohnanlage den Vestalinnen.

10. Haus der Vestalinnen und Tempel der Kastoren

11. Tempel des Antoninus und der Faustina und Kirche San Lorenzo in Miranda

Vestalinnen. *Sind die Priesterinnen, die das heilige Feuer hüteten: ursprünglich waren das die Töchter der Könige, später wurden sechs Frauen aus den vornehmsten Patrizierfamilien in das Amt berufen, die unter der Leitung der Dekanin dem Pontifex Maximus unterstanden. Sie traten im Alter zwischen sechs und zehn Jahren in den einzigen weiblichen Priesterorden ein und mußten 30 Jahre im Priesteramt dienen. Sie lebten nicht in Klausur, sondern nahmen aktiv am öffentlichen Leben teil. Eine strenge Auflage für das Amt war die Jungfräulichkeit. Beim Bruch dieses Zölibats wurden sie bei lebendigem Leibe begraben, weil nach dem römischen Gesetz kein Blut einer Vesta-Priesterin vergossen werden durfte. Nach 30jähriger jungfräulicher Amtszeit durften sie auch heiraten. Vesta-Priesterinnen gab es bis 394 n.Chr., bis zum Verbot heidnischer Kulte im römischen Reich. Im Haus der Vestalinnen lebten danach Beamte des Reichs und später des Kirchenstaats.*

Tempel des Antoninus Pius und der Faustina (tf.A - nr.15). Wurde von Antoninus Pius in Erinnerung an seine Ehefrau Faustina nach ihrem

Tod (141.n.Chr.) errichtet. Wie aus der Inschrift auf dem Architrav hervorgeht wurde der Tempel nach dem Tod von Antoninus Pius (161 n.Chr.) auch ihm geweiht. Die 17 Meter hohen Säulen mit korinthischen Kapitellen aus griechischem Marmor sind relativ gut erhalten. Das umlaufende Greifenfries ist ein Musterbeispiel römischer Dekoration. In der Mitte der ersten Treppen, die früher aus Marmor waren und waren und heute aus Ziegelsteinen, sind Reste des originalen Altars erhalten. Der Tempel vedankt seinen guten Zustand der Tatsache, daß er im 12. Jh. zur Kirche *San Lorenzo in Miranda (tf.A - nr.16)* umfunktioniert worden war. Anläßlich der Visite des Habsburger-Kaisers Karl V. in Rom im Jahr 1536 wurden die Säulen wieder von den sie umgebenden Peperinstein-Mauern befreit. Die Kirche wurde 1602 in der Cella des antiken Tempel eingerichtet.

Antoninus Pius (Hadrianus Antoninus Pius). *Kaiser von 138 bis 161. Nachfolger von Hadrian, der ihn adoptiert hatte. Er unterhielt gute Beziehungen zum Senat, war ein großmütiger und toleranter Herrscher und bescherte dem Reich eine lange Friedenszeit.*

Tempel des Divus Julius (tf.A - nr.17). Wurde 29. n.Chr. von Augustus zu Ehren seines Adoptivvaters Caesar errichtet, der als erster Herrscher des Reichs nach seinem Tod zur Gottheit deklariert wurde, nachdem die Römer diese orientalen Gepflogenheit von den Griechen übernommen hatten die diese Tradition seit längerem pflegten. Von dem Kulthaus blieben Reste des Podiums, aber kaum Spuren der Sockel für die Säulen und der Cella, nachdem der wertvolle Marmor zum Bau neuer Palazzi im 15. Jh. abtrans-portiert wurden. Das Monument war zum Platz des Forums ausgerichtet. Auf den Ruinen des Altars werden noch heute Blumensträuße in Erinnerung an den Ort niedergelegt, an dem Caesars Leiche verbrannt wurde und wo Markus Antonius, sein treuerster Feldherr das Testament des Diktators verlas. Später wurde aus unbekannten Gründen die Exedra mit einer Mauer geschlossen.

Augustus-Bogen (tf.A - nr.18). Rechts vom Tempel des Divus Julius lag der dreibögige Triumphbogen, der 19.v.Chr. von Augustus errichtet wurde, nachdem er zum Konsul auf Lebenszeit ernannt worden war. Dort wurden die Marmortafeln mit den Namen berühmter Konsuln und Generäle seit der Anfangszeit der Republik ausgestellt, die heute im Konservatorenpalast auf dem Kapitol zu sehen sind: ein wahres Monument für die Geschichte Roms.

Caesar (Caius Julius Caesar). *59 v.Chr. wird Caesar vom Senat das Kommando über die zwei gallischen Provinzen des Reiches übertragen. In Übertretung des herrschenden Gesetzes, das Generälen den Einzug in das Hoheitsgebiet des römischen Senats verbot, zieht er nach Rom und besetzt*

BAUTECHNIK

Archaische Epoche: (bis zum 8. und Anfang des 7. Jh.v.Chr.). Bauten aus parallellflachen Steinblöcken (meist aus Tuffstein, der in Latium gefunden wurde und vulkanischen Ursprungs ist). Nach dem 7. Jh.v.Chr. wurden sie abwechselnd in flach liegenden und aufgerichten Reihen geschichtet.

Von der Zweiten Hälfte des 3. Jh. An. Erfindung des sogenannten römischen Betons (Opus caementicum). Dabei wurden Teile (caementum) aus Kies, Stein, Kalk und Felsschotter sowie Marmor und Backstein in der Regel mit drei Viertel Sand vermischt. Diese Mauertechnik ist der tragende Kern fast aller römischer Bauten bis zum Ende des Imperiums.

Von den Ersten Jahrzehnten des 2. Jh An. wurden die Mauern mit pyramidenstumpfförmig gehauenen Quadersteinen, in unregelmäßigen Linien, verlegt.

In den Letzten Jahrzehnten des 2.Jh. Legte man die Quadersteine regelmäßig an, so daß meist geometrische Muster entstanden.

Von der Ersten Hälfte des 1.Jh.v.Chr.An. Die Quadersteine wurden netzartig angelegt *(opus reticulatum)*. Diese schräglaufenden Netzmuster wurden schnell zum Vorbild für die gesamte spätere, römische Baukunst. Die Verschalungsmauer wurde schrittweise mit dreieckigen Steinen ausgeführt und nach und nach mit Gußwerkmasse aufgefüllt. Am Ende des 2. Jh. n.Chr. wird der Handel mit Backsteinen verstaatlicht.

Im 4. Jh. von Maxentius und Konstantin an kam ein gemischter Verschalungstyp auf. Ziegelsteine wurden abwechselnd mit Tuffquadern *(opus vittatum)* in waagrechten Reihen aneinandergefügt.

12. Rom zur Zeit Kaiser Konstantins (Museum der Civiltà Romana, Teil des Modells)

die Stadt. Nachdem er dank seiner überlegenen Feldherrenkunst in den Provizen die senatstreuen Legionen besiegt, läßt er sich vom Senat zum Diktator ausrufen, eine Prozedur, die zur Zeit der Republik nur in schweren Krisensituationen vorgesehen war. Er vereinigt die gesamte Macht in seinen Händen und führt de facto die Monarchie ein. Er war ein genialer Feldherr, guter Autor, großer Herrscher, großmütig mit den besiegten Feinden. Er baut die Macht des Zentralstaates weiter aus und überträgt dennoch den Provinzen gleichzeitig mehr Autonomiebestimmungen. Eine Gruppe von Senatoren ermordet ihn 44 n.Chr. 56jährig mit dem Ziel, die republikanische Verfassung wiederherzustellen.

13. Tempel der Juturnae

Augustus (Caius Julius Caesar Octavianus). Erster Kaiser. Großneffe und Adoptivsohn Caesars. Zur Verteidigung seines Erbes kämpft er zunächst gegen die Caesar-feindlichen Senatoren und anschließend gegen Markus Antonius, den General Caesars, der ebenfalls die Nachfolge des Diktators beansprucht. 29 v.Chr. läßt er sich nach seinem endgültigen Sieg über die Konkurrenten vom Senat zum Imperator ausrufen: ein Titel, der während der republikanischen Zeit nur als Ehrenbezeichnung für Generäle galt, die vorübergehend die Macht (imperium) innehatten. An der Spitze des Reiches stand nicht mehr ein von Gleichberechtigten gewählter Mann, sondern ein Alleinherrscher, der Imperator Caesar Augustus. Mit neuen, direkt ihm unterstehenden Beamten, leitet er eine große Reform des Verwaltungwesens ein und teilt die Provinzen in senatoriali - dem Senat unterstehende - und imperiali - dem Kaiser unterstehende - ein, deren Steuern nun direkt an den Kaiser abgeliefert werden. Im sogenannten "augustäischen Zeitalter" befriedigt er das zerstrittene Reich und sichert die Grenzen. Er selbst, ein strenger Sittenmann, bleibt trotz des neuen Staatsform den republikanischen Grundsätzen treu, respektiert die Macht des Senats, wo er sich als princeps als erster unter den Senatoren - fühlt. Er stirbt 75jährig im süditalienischen Nola.

RÖMISCHE NAMENSKUNDE

Zunächst trugen die Römer in der Regel drei Namen: *Vorname*, für jedes Kind von den Eltern bestimmt; den *Namen* der *gens*, *Stammesgruppe*, sowie den *Familiennamen*. Später kam der Beiname dazu, der zunächst individuell bestimmt und später bei adeligen Familien als vierter Name vererbt wurde. Beispielsweise Publius *(Vorname)*, Cornelius *(Stammesname)*, Scipio *(Familienname)* und Africanus *(Beiname)*.

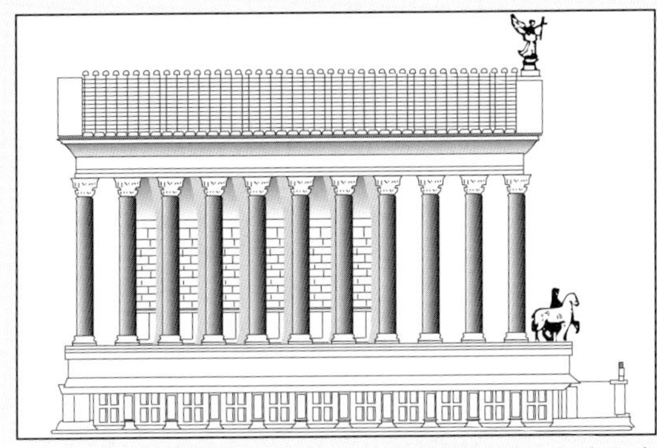

14. *Tempel der Kastoren aus Kaiserzeit (Rekonstruktion)*

TEMPEL

Tempelbauten kommen aus Griechenland, wo man sie seit der zweiten Hälfte des zweiten Jahrtausends vor Chr. kannte. Die Etrusker übernahmen diese Kulturform (im 7.Jh.v.Chr.) und bauten auf italischen Boden Holz - und Trockenmauerwerk-Tempel mit Terrakottafiguren und farbigen Stuckarbeiten über einem hohen Podest aus Stein. Uber Treppen erreichte man die Altarräume. Der Baustil wurde von den Römern übernommen und auch dann beibehalten, als die griechische Architektur zunehmend die Architekten des römischen Reichs beeinflußte. Vom 2. Jh. v.Chr. an werden die Tempel in Stein, ein Jahrhundert später in Marmor errichtet, während im 1. Jh. n.Chr. auch Ziegelmauern zum Bau der Kultstätten für die heidnischen Gottheiten hochgezogen wurden. Der Tempel hat einen säulenumrahmten Portikus (Vorhalle) und die *Cella* (von *celare*, verschleiern), die über einen Eingang erreicht wurde. Der Altar *(ara)* stand vor der Vorhalle. *Peristasi* (aus dem griechischen Zaun) heißt die Säulenreihe, die den ganzen Tempel umgibt.

Tempel des Kastor (tf.A - nr.19). Wurde im 2.Jahrzeht des 5. Jh.v.Chr. in Erinnerung an die Schlacht am Regillo-See in den Albaner-Bergen errichtet, in der die Römer die Latiner besiegten, die zum Kampf gegen die junge Republik Rom rüsteten.

Der Legende nach wurden die siegreichen Truppen von zwei unbekannten Männern angeführt, die den Römern nach dem Sieg auch die gute Nachricht vom Ende des Kampfes brachten und ihre Pferde an einer Quelle auf dem Forum, der Lacus Juturnae, *tränkten. Die Römer identifizierten die beiden Helden mit den* Dioskuren *(vom griechischen Söhne des Gottes), Kastor und Pollux, die Zeus mit der in einen Schwan verwandelten Leda gezeugt haben soll. Der Kult der beiden Dioskuren kam über die Magna Grecia (Süditalien) nach Rom.*

Vom sehr hohen Podium bleibt ein Rest des Bauwerks: von der Wiedererrichtung des 2. Jh.v. Chr.. Die drei zwölf Meter hohen, fein kannelierten Säulen (aus Marmor von Paro, Insel der Ägäis) sind die Reste von insgesamt 34, die den Tempel flankierten und nach einem Brand im Jahr 14.v.Chr. - der einen großen Teil des zentralen Forum-Areals zerstörte - bei Renovierungsarbeiten aufgestellt worden waren. Im Tempel, zu dem die Gläubigen Zugang über zwei Treppen fanden, war die Meßstelle des alten Roms. Bei Kundgebungen wurde er als Tribüne genutzt. Die Reste im östlichen Teil des Podiums stammen von Geldwechselbänken neben dem Tempel.

Östlich vom Tempel liegt die **Quelle Juturnae (tf.A - nr.20).** Juturnae war eine Nymphe (die die unterschiedlichen Aspekte der Natur personifizierten), die Schwester von Turno, dem italischen Helden und Feind der Trojaner. Diese Quelle war die wichtigste im antiken Rom, der heilende Wirkung zugesprochen wurde und der zur Zeit der Republik in monumentalen Ausmaßen ausgebaut wurde. Dahinter lag der **Tempel der Juturnae (tf.A - nr.20/A)**, der im frühen 2. Jh.n.Chr. umfangreich renoviert wurde.

Bauten Zwischen Forum und Palatin. Hinter dem Tempel des Kastor zeugen Ruinen vermutlich vom riesigen Vestibul des Kaiserpalastes, das unter Domitian errichtet wurde. Es wird nicht ausgeschlossen, daß die **Große Aula (tf.A - nr.22).** das *Athenaeum* (von der Göttin Athene - Oberschule) beherbergte, das Kaiser Hadrian gründete. Im 6. Jh. wurde die danebenliegende, kleinere Aula (vermutlich früher Bibliothek) zur Kirche umfunktioniert, **Santa Maria Antiqua (tf.A - nr.21).**, deren Wände großartige Freskobilder (aus dem 6. Jh.bis 9. Jh.) schmückten. Darüber die monumentalen Mauern des **Kaiserpalastes (tf.C - nr.64) die später von angefügt wurden (Domitian, Hadrian).** Er wurde *Domus Tiberiana* (Haus des Tiberius) genannt, weil Tiberius seinen Bau nach dem Tod des Kaiser Augustus veranlaßte. Eine Treppenrampe führte von dort hoch zum Hügel.

Die Piazza (tf.A - nr.23). Die architektonische Gestaltung des Hauptplatzes erfolgte unter Caesar und danach unter Augustus, der das Werk seines Adoptivvaters fortsetzte. Rechts und links wurde die Piazza von zwei als *Rostra* (nach den metallenen Schiffsschnäbeln) bezeichneten Tribünen abgegrenzt, den Rednertribünen für die Tribune (vom Volk ernannte Richter aus der einfachen Klasse Roms, die dort zum Volk sprachen).

RÖMISCHE RELIGION

Das lateinische Wort *religio* kommt von *relegere*, von wiederlesen, und bedeutet demnach ein Nachdenken über den Willen der Götter. Man ehrte sie aber auch mit zahlreichen Zeremonien zur Sicherung des Wohlstands für die eigene Familie und den Staat. Politische und religiöse Verpflichtungen waren eng vernetzt, von Richtern, Senatoren und Patriziern veranstaltete Feiern wurden zu Volksfesten. Es handelte sich nicht um eine mystische, sondern um eine recht pragmatische Religion, deren Grundglaube die Anerkennung der Natur war. Mit aufwendigen, magischen Riten erflehte man die Gunst der Natur im Sinne von *do ut des* (ich gebe dir, damit du mir gibst). Dieser pragmatische Umgang mit dem Glauben förderte die Annahme von fremden Religionen, nicht aber der christlichen, die die Autorität der Staatsmacht in Zweifel zog. Als oberste Gebote galt den Römern die *pietas* (die Ehrfurcht vor den Göttern), die *fides* (Treue zu den geleisteten Eiden), die *libertas* (keine Unterworfenheit), die *virtus* (der Mut), die *gloria* (der Ruhm), die *dignitas* (der Respekt der Mitbürger) und die *majestas populi romani* (die Größe des römischen Volkes), die man als oberstes Wohl betrachtete. Ursprünglich waren die Gottheiten nicht personifiziert: ihre Identifizierung erfolgte im 3.Jh.v.Chr., als sie den griechischen Göttern gegenübergestellt wurden. Zu Beginn des Kaiserreichs wurde der Kaiser-Kult eingeführt. Die Apotheose (aus dem griechischen Vergöttlichung) des Kaisers sanktionierte Augustus, als er Caesar den Tempel an der Stelle errichtete, an der sein Leichnam verbrannt wurde.

15. Opfer des Stiers, Widders und Lamms

DAS EIGENTLICHE FORUM

In archaischer Epoche trennte der Marktplatz, das eigentliche Forum, den sakralen Bereich - mit der *Regia*, dem *Tempel der Vesta*, dem *Haus der Vestalinnen* und der *Domus Publica* - vom politischen Zentrum der Stadt. Dort befanden sich das *Komitium (tf.A - nr.28)* zu Füßen des Kapitols, wo gesetzgebende Versammlungen stattfanden, und die Kurie (heute die Kirche Santi Luca und Martina, (tf.A - nr.31). Letztere, das Senatsgebäude ließ der dritte etruskische König Tullius Hostilius errichten. Auf der Piazza wurden an Feiertagen öffentliche Spiele organisiert. Mit der Einführung der republikanischen Staatsform wurde sie mit dem *Tempel des Saturn (tf.A - nr.40)* 497 v.Chr., dem *Tempel der Kastoren (tf.A - nr.19)* 484 v.Chr.und 366 v.Chr. nach dem Ende des Bürgerkriegs zwischen Plebejern und Patriziern mit dem *Concordia-Tempel (tf.A - nr.36)* verschönert.

In der zweiten Hälfte des 4. Jh. - als Rom durch die Eroberung Mittelitaliens seine Vormachtstellung ausdehnte - wurden die Marktbuden mit Fleisch-, Fisch- und Gemüseständen nach Norden verlegt und an der Piazza Wechselstuben eingerichtet. 210 v.Chr. zerstörte ein Brand die gesamte Piazza, die anschließend mit monumentalen Bauwerken versehen wurde. Als der Einfluß der griechischen Kultur größer wurde und 185 v.Chr. bauten die Architekten die erste Basilika an der Piazza, die allerdings beim Brand 54 v.Chr. völlig niederbrannte. 179 v.Chr. war die *Basilika Aemilia (tf.A - nr.25)* der Treffpunkt für die zahlreichen Fremden in der Stadt. 170 n.Chr. ist das Baujahr der *Basilika Sempronia*, die später zur *Basilika Julia (tf.A - nr.24)* umgebaut wurde. Nach 145 v.Chr. verlegte man die gesetzgebenden Versammlungen vom Komitium auf den Hauptplatz mit der Vorhalle des *Tempels der Dioskuren* als Rednertribüne. Zwischen 133 und 121 v.Chr. und 88-82 v.Chr. wurde die Piazza während des Bürgerkrieges zum Schauplatz schwerer Auseinandersetzungen zwischen Plebejern, der einfachen Bevölkerung, und den elitären Senatoren. 52 v.Chr. brannte bei einer Revolte die *Kurie (tf.A - nr.30)* nieder, die 44 v.Chr. von Caesar und später unter Augustus in ihrer endgültigen Form wiederhergestellt wurde. Caesar ist auch Bauherr der *Basilika Julia* für die - früher im Freien am *Komitium* stattfindenden - Prozesse und einer neuen *Rostra (tf.B - nr.23/C)*. Die gesetzgebenden Versammlungen verlegte Caesar auf den Campio Marzio. Augustus errichtete den *Tempel des Divus Julius (tf.A - nr.17)* nach Caesars Tod zu Ehren des Diktators. Das Forum entwickelte sich vom Marktplatz zum monumentalen Gesamtbauwerk, zum politischen Zentrum der Stadt. Das öffentliche Leben verlagerte sich auf den Campo Marzio und in die prächtigen Kaiserforen, die den Anforderungen an die neue Welthauptstadt besser

16. Blick auf das Forum Romanum vom Kapitol

17. Septimius Severus-Bogen, Saturn-Tempel, Vespasian-Tempel, im Hintergrund Basilika Julia

entsprachen. Das Forum war nun der repräsentative Mittelpunkt Roms für die festlichen Staatsakte. Nach einem Erlaß des Augustus durften die Römer nur noch mit Toga bekleidet, die traditionelle Bekleidung der Senatoren, auf dem Forum flanieren. In den Jahren 14, 64, 80, 191 und 283 zerstörten wiederholt Brände die Piazza, die jedesmal umgehend renoviert wurde.
330 n.Chr. verlor Rom seinen Status der Hauptstadt des Reiches, 391 n.Chr. wurde das Christentum zur Staatsreligion. Die Tempel wurden geschlossen und die Anbetung der heidnischen Götter verboten.
Zu Beginn des 5. Jh. begann der Verfall des Reichs. 410 und 455 fielen die bewaffneten Truppen der Westgoten und Wandalen in Rom ein und zerstörten die Stadt. 442 erschütterte darüberhinaus ein schweres Erdbeben die Stadt. Der unaufhaltbare Verfall begann trotz neuer Renovierungsarbeiten zwischen 493 und 526 durch den Goten-König Theodorich (Wandalen, Westgoten und Goten, die germanischen Volksstämme) bemächtigten sich Roms.
476 setzte ein germanischer König im Dienste des Kaisers Odoaker den letzten Imperatoren ab: auch er trug den Namen **Romulus Augustulus** und war ein Jahr lang im Amt.
Das Leben auf dem Forum pulsierte aber auch noch 608 trotz des vorausgegangenen gotischen Krieges (535-553), der Rom von der Goten-Besatzung befreite und wieder Konstantinopel unterstellte. Als Kaiser Phokas 608 aus Konstantinopel zur Visite in Rom eintraf, errichtete man für ihn im Forum das letzte Monument: die *Phokas-Säule (tf.B - nr.23/G)*. Im 7. Jh. fungierte das Forum wieder als Marktplatz: in der Kurie und in mehreren anderen antiken Monumenten richteten die neuen Glaubensherren Kirchen ein. 768 wurde im Forum nochmals ein Papst gewählt. Doch die Zerstörung war nicht mehr aufzuhalten. "Das was die Barbaren nicht schufen, machten die Barberini", ist ein bekannter Spruch, der aussagt, wie die adeligen Familien - darunter die Barberini - das Forum Romanum und die Kaiserforen sowie das Kolosseum als Fundgrube für wertvolle Materialen zum Bau ihrer prächtigen Paläste benutzten.
Gegen Ende des 8. Jahrhunderts begann die systematische Zerstörung des Forums. Marmor, Architraven, Säulen, Skulpturen, Bronzetüren- und ziegel wurden für den Bau neuer Monumente und Kirchen aus den Bauwerken gerissen. Im 13. Jahrhundert verschwand das Forum unter einer Schichte von Schutt und Erde und verkamzur Viehweide. Der Volksmund nannte die "Wiese" Campo Vaccino, das Feld der Kühe. Im 16. Jh. waren keine Spuren vom Forum erhalten, so daß die Archäologen das antike Forum etwas südlicher am Tiber vermuteten. Sie waren davon überzeugt, daß zwischen dem *Titus-Bogen (tf.A - nr.2)* und dem *Triumphtor des Septimius Severus (tf.A - nr.33)* nur die Via Sacra lag. 1536 wurdedas Gebiet über dem Forum zum Kapitol hin anläßlich der Visite Karls V. für den Einzug des Habsburger Kaisers durch die Triumphbögen in Richtung Kapitol eingeebnet. Erst im 19. Jh. ging man mit wissenschaftlichen Kriterien an die archäologischen Ausgrabungen des Forums.

Rostra ad Divus Julius (tf.B - nr.23/A) Im Osten des Platzes Reste der Rostra, die Ziegelsteine an der südlichen Ecke deuten darauf hin, daß sie in späterer Zeit - vermutlich unter Diokletian - **renoviert wurde (tf. B - nr.23/B).**

In der Tribünenmauer waren die Schnäbel der Schiffe von Antonius und Kleopatra eingemauert, die 31 v.Chr. in der Schlacht von Azio an der ionischen Küste Griechenlands vom Feldherrn des Augustus, Agrippa, besiegt worden waren.

Rostra (tf.B - nr.23/C). Die drei Meter hohe, mit Tuffsteinquadern verschalte Plattform dominiert mit ihrer Fläche von 24 mal 12 Metern das östliche Ende der Piazza. An ihren Seitenmauern wurden die Schiffsschnäbel der in der Seeschlacht im nahegelegenen Anzio (341 v.Chr.) eroberten feindlichen Schiffe angebracht. Die Rostra wurde von Caesar im Rahmen der architektonischen Neugestaltung der Piazza angelegt und ersetzte die *Komitium-Tribüne.* Unter Augustus verschalten die Architekten die Seitenmauern mit Tuffsteinquadern. Die Größe der Tribüne ermöglichte dem Kaiser bei feierlichen Zeremonien mit seinem Hof auf der Rostra Platz zu nehmen. An ihrer linken Seite wurde sie 470 nochmals erweitert, vermutlich nach einer siegreichen Schlacht gegen die Wandalen. Zum Podium führten halbkreisförmig angelegte Treppen in Travertinmarmor.
Neben der *Rostra* liegen die Ruinen von **Ritual-Quellen (tf.B - nr.23/D)** aus der Regierungszeit Caesars, weiter nördlich die Reste früherer **Ritual-Quellen (tf.B - nr.23/E)** aus der Republikanischen Epoche. Daneben eine **Grünfläche (tf.B - nr.23/F)** mit einem Olivenbaum, einer Weinrebe und einem Feigenbaum, die an die Legende des *Lacus Curtius (tf.B - nr.23/I)* erinnern.
Gepflastert wurde der Forums-Platz mehrmals, bis der endgültige Boden - heute zum Teil erhaltene - mit Travertinplatten gelegt wurde. Zu Füßen der **Phokas-Säule (tf.B - nr.23/G),** die 608 anläßlich der Visite des byzantinischen Kaisers aufgestellt wurde, belegt eine **Bronze-Inschrift**, daß *Surdinus* (ein für die Beziehungen zwischen Römern und Ausländern zuständiger Richter) die Renovierung des Platzes nach dem Großbrand im Jahr 14 n.Chr. veranlaßte (*Basilika Aemilia*, die *Tempel des Kastor* und der *Vesta*). Auf dem Pflaster sind viereckige Einschnitte zu sehen, in denen vermutlich Pilaster steckten, über die man Tücher zum Sonnenschutz spannte.
Östlich der Inschrift öffnet sich einer der **Eingänge (tf.B - nr.23/H)**, die in unterirdische Galerien führten. Im von Caeser angelegten Tunnel bereiteten sich die Gladiatoren (von Gladio, römisches Kurzschwert) zu Kampfspielen auf der Piazza vor. Bei diesen Volksspielen wurden vor und zwischen den Marktbuden Holztribünen für die Zuschauer aufgestellt. Augustus verbot die Kampfspiele auf der Piazza.
Wenige Schritte in Richtung Osten liegt die trapezförmige Höhle des **Lacus Curtius (tf.B - nr.23/I).**

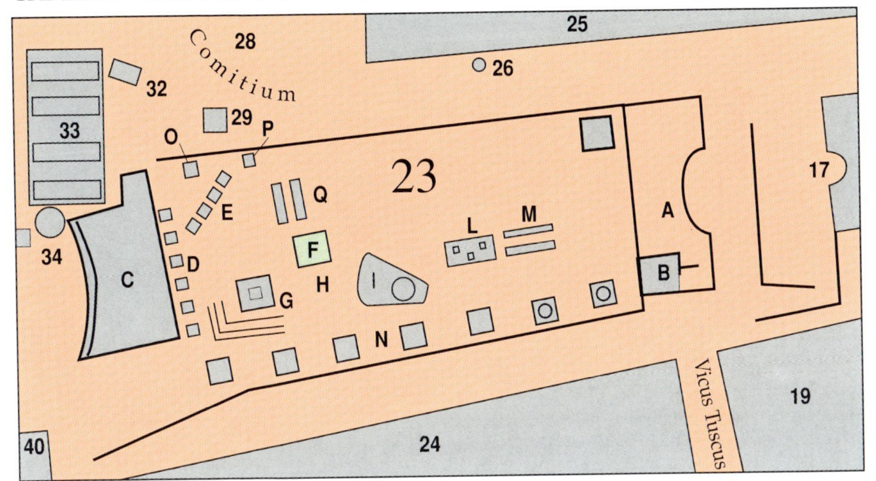

Der Überlieferung nach stürzte sich ein junger, bewaffneter Mann zur Beruhigung der unterirdischen Erdgötter in einen Krater, nachdem die Götter den Krater geöffnet und ein Menschenopfer zu seiner Auffüllung gefordert hatten. Als das Opfer vollbracht war, entstand anstelle des Kraters ein kleiner See, an dessen Ufer ein Feigenbaum, eine Rebe und ein Olivenbaum wuchsen. Die Legende führt das Ereignis auf eine prähistorische Gepflogenheit zurück, nach der die Römer bei einer absehbaren Kriegsniederlage von ihrem obersten Feldherrn den Selbstmord forderten. Die tragische Geste sollte das Schicksal wenden und das Unheil auf die Feinde transferieren. Neben dem trapezförmigen Ort steht der Kalkabdruck eines sich opfernden Kavaliers. Das Original aus dem 3. Jh. v.Chr. ist im Rathaus auf dem Kapitol.

Interessant sind die Spuren der Marmorabdeckung (unter Caesar angelegt) und einer früheren Tuffsteinplatte. Die Tuffsteine, die einen achteckigen Rahmen aus Tuffstein bilden, waren vermutlich die Basis eines archaischen Wasserbrunnens, der noch in der Frühzeit Roms als Altar genutzt wurde.

In Richtung Osten sieht man eine rechteckige Platte, aus drei Travertinblöcken die als Fundament für das **Reiterstandbild (tf.B - nr.23/L)** eines bislang nicht identifizierten Kaisers diente: die frühere Annahme, es handle sich um Kaiser Domitian auf dem Pferd, der als erster Kaiser sein Reiterstandbild im Forum (vermutlich rechts von hier, wo der Boden wahrscheinlich nach dem Abriß eines Monuments erneuert wurde) aufstellte, und vom Senat verurteilt wurde, daß man ihn vergesse, ist nicht bestätigt. Noch weiter östlich ein zweites Fundament einer **Reiterstatue des Konstantin (tf.B - nr.23/M)**. Darunter lag die *Cloaca Maxima.*

Im Süden der Piazza sieben enorme Fundamente für **Kolossalsäulen (tf.B - nr.23/N)**, die während der Regierungszeit des Diokletian zum Schmuck des Forums errichtet wurden (zwei wurden wieder aufgestellt: eine aus grauem Granit aus Ägypten, die zweite aus viola Marmor mit weißen Kalkelementen aus

18. Kurie

Phyrgien Kleinasien heute Türkei). Von den Statuen, die auf den Säulen plaziert waren, ist keine einzige erhalten.

Diokletian (Caius Aurelius Valerius Diocletianus). *Wird von den Offizieren seines Heeres im Jahr 284 in Nicomedia in Kleinasien zum Kaiser bestimmt. Er selbst regiert dort, im Westen setzt er seinen Kampfgefährten Maximiamus zum Mitregenten über die Monarchie ein, die er der Kontrolle des Senats entzieht. Er führt den Herrschaftskult* - divina maiestas - *ein, in dem der Kaiser als absoluter Herrscher regiert. Das Reich teilt er in vier Provinzen (Tetrarchie). Obwohl sein Kaiserkult gewissermaßen den christlichen Monotheismus vorwegnimmt, verfolgt er grausamer denn je die Christen als Staatsfeinde auch im östlichen Teil des Reiches. 305 zieht er sich nach Spalato in Dalmatien zurück, wo er 313 stirbt.*

Basilika Julia (tf.A - nr.24). Wurde 54 v.Chr. im Rahmen der Neurodnung des Forums durch Caesar über der älteren *Basilika Sempronia* erbaut und unter Augustus fertiggestellt. Diokletian ließ sie nach einem Brand im Jahr 283 restaurieren. Das große Gebäude (49x101 Meter) bestand aus einer zentralen, mit Säulen umrahmten Halle und einem Portikus, dessen Fundamente und Säulenstümpfe erhalten sind. Sie war der Gerichtssaal für Zivilverfahren, in dem mehrere Prozesse gleichzeitig stattfanden. Auf dem Marmorfußboden des Portikus und auf der vorliegenden Piazza sind Gravierungen zu sehen, Reste von Spielbrettern - wie beispielsweise Dame - die auf dem Fußboden eingeritzt waren und mit denen sich Menschen, die auf Verhandlungen warteten, oder einfach Müßiggänger die Zeit vertrieben.

Von den Querseiten der Basilika gehen zwei Wege ab: rechts der *Vicus* (ebene Straße) *Iugario* und links der *Vicus Tuscus*. Beide führten zum *Foro Boarium*. Am *Vicus Tuscus* (an der schon zur Zeit der etruskischen Könige Wohnsiedlungen lagen) befinden sich hinter dem **Atheneum (tf.A - nr.22)** des Hadrian Ruinen der **Horrea Agrippiana,** der Getreidelagerhallen, die der Feldherr des Augustus, Agrippa, verwaltete.

Basilika Aemilia (tf.A - nr.25) Lag vor der Basilika Julia auf der anderen Seite des Platzes und war Austragungsort von Zivilprozessen sowie ein beliebter Treffpunkt für Händler. Ihren Namen erhielt sie vom Richter Marcus Aemilius Lepidus, der sie 179 v.Chr. errichten ließ. Die heutigen Ruinen gehen auf die Renovierung in augustäischer Zeit zurück. Der vierschiffige Hauptsaal (94x24) war durch Säulen aus Cipollin unterteilt. Hinter dem zweigeschossigen Portikus lagen aus Tuffstein konstruierte Marktbuden *(tabernae)*, die durch den Haupteingang in zwei Reihen getrennt wurden. Sie lagen unter

19. Basilika Julia und im Hintergrund die Domus Tiberiana

einem Portikus, von dem nur Säulenreste erhalten sind (zwei wurden am rechten Eingang wieder aufgestellt). In der nordöstlichen Ecke befindet sich ein Friesfragment mit Szenen aus der Gründerzeit Roms. Das Original (aus der Zeit der Renovierung der Basilika aus dem 2. Jahrzehnt des 1. Jh.) wird im *Antiquarium* aufbewahrt. Am Nordende der Front der Basilika wurden Tuffsteinblöcke der alten Basilika und eines Altars ausgegraben, an dem die **Cloaca Maxima (tf.A - nr.27)**, der antike Hauptwasserkanal, das Forum erreichte.

Heiligtum Der Venus Cloacina (tf.A - nr.26) Am Nordende der Basilika. Hier lag der Zugang zur *Cloaca Maxima*, dem Wasserkanal, der laut Überlieferung vom ersten etruskischen König Roms, Tarquinius Priscus (gegen Ende des 7.Jh.v.Chr.) zur Trockenlegung der Sümpfe im Tal des Forums und des Flusses Velabro installiert wurde. Der Wasserkanal ist bis heute in Funktion.

Komitium und Kurie. Das den Auguren (die den göttlichen Willen deuteten) geweihte Gebiet war in republikanischer Zeit der Mittelpunkt der politischen Macht *(imperium)*. Sie wurde unter Caesar neuorganisiert, In ihr versammelte sich der Senat und das Volk zur Richterwahl und diente als Verwaltungsraum für die Justiz.

Komitium (tf.A - nr.28) von *comitium* (Treffpunkt). Auf dem runden Platz wurden die Richter gewählt, von der *Rostra* aus sprachen die Richter zum Volk und in früheren Zeiten, fanden hier, vor dem Bau der Basilika, die Prozesse statt. Die Rostra wurde von Caesar abgerissen. Der Legende nach arbeiteten Romulus und Titus Tatius nach den Auseinandersetzungen zwischen Römern und Sabinern an dieser Stelle das Friedensabkommen aus. Seit 450 v.Chr. waren an der Rostra die Tafeln mit den ersten geschriebenen Gesetze aufgestellt und bis Caesars Regierungszeit war dies der Haupttreffenpunkt des öffentlichen Lebens.

Kurie (tf.A - nr.30). War der Versammlungsort der Senatoren. Der erste Bau wurde an dieser Stelle von Tullius Hostilius in der ròmischen Kònigszeit errichtet. Durch Brände und Zerströrungen waren mehrfach Neubauten notwendig, zuletzt durch Diokletian. Die Hauptstruktur des Bauwerks stammt jedoch aus Caesars Regierungszeit. Den guten Zustand verdankt das Gebäude der Umwandlung in die christliche Kirche, *Santi Martina und Luca (tf.A - nr.31)*, im 7. Jh.. 1936 wurden die barocken Strukturen der zunächst mittelalterlichen Kirche entfernt. Das Bronzetor ist eine Kopie der antiken Eingangstür, die Borromini als Hauptportal für die Lateranbasilika verwendete. Die Fragmente des farbigen Marmorfußbodens stammen aus der Zeit des Diokletian. An den Wänden sind Marmoplatten aus der antiken Basilika aufgestellt, vor denen die Stühle der Senatoren plaziert wurden. Bei Abstimmungen wechselten die Senatoren ihre Plätze und reihten sich je nach Votum in die linke oder rechte Reihe der Sitze ein: die Befürworter auf der einen, die Gegner auf der anderen Seite. Zudem sind die sogenannten *Anaglypha (tf.B - nr.23/Q)* des Trajan zu sehen, Travertin-Platten mit Feiern und Staatsakten im Forum aus der Zeit von Kaiser Trajan: darunter die *Zerstörung der Register der Steuerschuldner* (eine Art antiker Amnestie für Steuersündner), die *Gründung eines Kreditinstituts für arme Kinder* und auf der Rückseite ein *Opferritual*, bei dem *ein Schwein, ein Widder und ein Stier* den Göttern geopfert werden. Die Statue an der Frontwand eines *Mannes in Toga* (das war die Bekleidung der Zivilbevölkerung) stellt vermutlich den Kaiser Trajan dar.

Trajan (Marcus Ulpius Traianus). *Beim Tod seines Adoptivvaters Kaiser Nerva 98 n.Chr. wird Trajan nach einer vorbildlichen Karriere im politischen und militärischen Dienst des Staates einstimmig zum Herrscher gewählt. Er kämpft erfolgreich gegen die Daker (im heutigen Rumänien) und im Orient, wo er 64jährig 117 n.Chr. stirbt. Er verstand es, das Wohlwollen von Senat und Volk zu erobern. Seine Regierungzeit ging als goldene Epoche in die Geschichte ein und im Mittelalter wurde er sogar von den Christen als Heiliger verehrt. Auf ihn folgt Hadrian.*

Lapis Niger (tf.A - nr.29) Der Schwarze Stein, ein Fußbodenquadrat aus schwarzem Marmor Er deutet einen Kleinen Tempel an mit quadratischer Tuffstein. Basis, Altar und Grab. Daneben befindet sich ein pyramidenförmiger Pfeiler mit der ältesten bekannten lateinischen Inschrift (6.Jh.v.Chr.) die zeilenweise von links nach rechts und von rechts nach links verläuft und den Ort als heiligen ausweist. Vermutlich lag hier der **Volcanal**, ein Heiligtum für den Feuergott Vulkan aus der Gründerzeit. Die schwarze Abdeckung wurde vermutlich unter Caesar angebracht.

Vulkan*. Sehr frühe römische Gottheit, die vermutlich von den Sabinern übernommen wurde. An seinem Festtag, dem 23. August, wurden kleine Fische ins Feuer für den Schutz des Gottes geworfen. Mit dem griechischen Feuergott Hephästus vergleichbar.*

An der Straße (sie hieß Argiletum) zwischen der Basilika Aemilia un der Kurie lag der **Tempel des Janus**, ein antiker römischer Schutzgott in Kriegszeiten. Von dem Heiligtum das in 6 Jh. nach erhalten war, sind keine Spuren mehr erhalten.

Außerdem liegen im Umfeld des Komitiums zwei Fundamente. Am Hauptplatz das **Fundament für Stilicone (tf.B - nr.23/P)**, ein mutiger General des Kaisers mit germanischen Ursprüngen, der 403 die Goten von Alarich besiegte und zu unrecht als Verräter hingerichtet wurde. Nach der Vollstreckung des Urteils 408 wurde sein Name vom Fundament gelöscht. Außerdem das **Fundament der Decennalia (tf.B - nr.23/O).** Diese sogenannte Decennalien-Basis, vermutlich Fundament für eine Diokletian-Säule, erinnerte an den zehnten Jahrestag der Tetrarchie (Aufteilung des Imperiums in vier Reichsteile 293 durch Diokletian). Das Relief zeigt: *Opferprozession der Senatoren* mit *Schwein, Widder und Stier* als Weihgaben, ein *Opfer des Diokletian für den Kriegsgott*

20. Bogen des Septimius Severus

Mars, die sogenannte *Libagione*, bei dem Wein auf den Schädel des Opfertieres geschüttet wurde. Zwei *Darstellungen der Viktoria* (der beflügelten Personifizierung des Sieges) *halten ein Schild mit Wunschinschriften.*

Bogen des Septimius Severus (tf.A - nr.33). Der marmorverkleidete Triumphbogen wurde anläßlich der zehnjährigen Regierungszeit des Kaisers 203 n.Chr. errichtet. Die Inschrift auf den beiden Seiten des Attikageschosses zelebriert den Sieg des Kaisers über die Parther (im heutigen Iran). An den Plinthen der acht Säulen römische Soldaten, die gefangene Parther nach Hause schleppen. Der Bogen des Hauptdurchgangs zeigt beflügelte Viktorien, die Reliefs über den Seitendurchgängen stellen ebenfalls Kriegsszenen vom Kampf gegen die Parther, das Fries den triumphalen Einzug des Kaisers ins Forum dar.

Septimius Severus (Lucius Septimius Severus Pertinax). *Geboren in der römischen Provinz (heute Libyen), wird 193 von seinen Truppen in Pannonien (heute Ungarn) zum Kaiser ausgerufen. Während seiner Regierungszeit nehmen vor allem Römer aus den Provinzen die wichtigen Ämter im Staat und Militärwesen ein, die bis dahin vor allem den Bùrgern Roms vorbehalten waren. Kämpft gegen die Parther, zu denen er später diplomatische Beziehungen aufnimmt. Julia Domma, seine aus Syrien stammende Ehefrau, führt orientalische Kulte in Rom ein. Septimius Severus stirbt 65jährig in Britannien 211 während der miltärischen Unterdrückung einer Revolte.*

In der Nähe des rechten Bogens **(tf.A - nr.32)** befindet sich das **Podest einer Reiterstatue Konstantins II.,** Sohn des Kaiser Konstantin und er selbst Kaiser vom 337 bis 361. Der fanatische Feind der heidnischen Religion bekennt sich zum arischen Glauben. Die Religion, die Arius im gleichen Jahrhundert gründete, die die göttliche Natur Christi verneinte. Unter dem linken Bogen befindet sich der Ziegelsteinpodest (tf.A - nr.34) des **Umbelicus Urbis** (Nabel der Stadt), der als idealer Mittelpunkt der Roms galt.

21. Tempel des Vespasian

Unter einem Dach liegen die Reste des **Altars des Saturn (tf.A - nr.35)**, ein antiker italischer Gott, der die ersten Siedlungen auf dem Kapitol gegründet, die Siedler in die Kunst des Ackerbaus eingeweiht und die ersten Gesetze der Stadt ausgearbeitet haben soll.

Vor dem Saturn-Tempel fanden bei Winteranfang die wichtigsten römischen Feiern, die Saturnalien *statt. Es handelte sich dabei um eine Art Erntedankfest, bei dem man sich gegenseitig Geschenke wie Kerzen, Terrakotta-Puppen, Nahrungsmittel austauschte und an dem die Bürger aller Klassen teilnahm.*

Dahinter das **Tabularium (tf.A - nr.37).** Der 78 v.Chr. in Steinquadern errichtete Bau enthielt im niedrigeren der beiden Korridore das römische Reichsarchiv, wo die *tabulae* (Tafeln) mit auf Wachs eingravierten Inschrift gestapelt waren. Der obere Korridor gilt als eines der schönsten architektonischen Zeugnisse der republikanischen Zeit und war Treffpunkt des öffentlichen Lebens.

Unterhalb des Tabulariums liegt das Podest des **Tempels der Concordia (tf.A - nr.36).** Er wurde 367 v.Chr. in Erinnerung an den Friedensschluß zwischen den streitenden Parteien der Patrizier und Plebejer errichtet. Dieses Abkommen ebnete den Plebejern den Weg für den Zugang zu öffentlichen Amtern.

Ebenfalls zu Füßen des Tabulariums sind die Ruinen des **Tempels des Vespasian (tf.A - nr.38)**, von dem drei elegante

22. Tempel des Saturn

korinthische Säulen der rechten Seite des Pronaos erhalten sind. Er wurde von Domitian 81 zu Ehren seines Bruders Titus errichtet.
Links vom Tempel des Vespasian liegen die Reste des **Portikus der Dei Consenti (tf.A - nr.39)** (der vereinten Götter). In sechs Räumen wurden jeweils zwei der bedeutendsten Götter Roms verehrt: Zeus und Hera, Neptun und Minerva, Apoll und Diana, Mars und Venus, Vulkan und Vesta, Merkur und Cerere. Er wurde im 1. Jh. n.Chr. errichtet und in der Zeit des **Julianus Apostatat** (360-363 n.Chr.) als vermutlich letztes heidnisches Bauwerk im Forum und auf dem Kapitol umfangreich renoviert. Julianus Apostat nämlich versuchte die Verbreitung des Christentums nochmals zu verhindern. Vom Portikus blieben korinthische Säulen erhalten, die im vergangenen Jahrhundert wieder aufgestellt wurden.

Tempel des Saturn (tf.A - nr.40) Ist eine der ältesten heiligen Stätten des antiken Rom. 498 v.Chr. gebaut und im 1. Jh.v.Chr. erweitert, gehört zu den ältesten Heiligtümern Roms. Die acht ionischen Granitsäulen mit Reliefdekoration stammen aus der diokletianischen Zeit. An ihren unteren Enden sind die Marmorverkleidungen aus der vorausgehenden Renovierung erhalten. Der Saturn-Tempel wurde auch Aerarium genannt, weil in ihm der römische Staatsschatz (erarium) aufbewahrt wurde. Ein viereckiges Podest deutet die Stelle an, an der Staatsdokumente ausgestellt wurden.

Via Sacra. Über die Piazza hinweg, einigen zufolge an der *Basilika Aemilia*, anderen an der *Basilika Julia* entlang, begann der Clivus Capitolinus, der alte Aufstieg zum Zeus-Tempel auf dem Kapitolshügel.

Links lag der **Triumphbogen des Tiberius**, der im ersten Jahrzehnt n.Chr. errichtet wurde und den Sieg über die Germanen dokumentierte.

Miliarum Aureum (tf.A - nr.41) Vor dem Saturn-Tempel liegen Teile der von Augusts aufgestellten Marmorsäule, an der in Bronzeziffern die Entfernungen von Rom zu den verschiedenen Provinzhauptstädten des Reichs angegeben waren. Am Goldenen Meilenstein begannen und endeten alle Konsularstraßen des Imperiums. Die Konsularstraßen Roms erhielten ihre Namen jeweils nach dem Konsul, der sie dem Verkehr übergab. Die Fragmentreste sind mit kleinen Palmen verziert.

DIE GESETZGEBUNG DES STAATES UND DER RICHTER

Vermutlich wählten schon die Krieger, die vor den etruskischen Einwohnern das Gebiet um Rom bewohnten, ihren Rex. Ihn beriet der Senat (die Älteren), dem nur Mitglieder der Patrizierfamilien (von patres, Vater) angehörten.
Seit der etruskischen Königsherrschaft war das römische Volk militärisch (populus bedeutet auch Heerschaft) in drei Klassen gegliedert, die wiederum in vier Kurie (Gemeinschaften) eingeteilt waren. Jede Kurie stellte dem Staat hundert Fantes (Landbesitzer, die selbst für ihre militärische Ausrüstung sorgten) als Grundlage für die Verteidigung des Imperiums. Gegen Ende der Königsherrschaft gab es doppelt so viele Soldaten und jede Kurie stellte 200 Männer: das Heer bestand damals aus 6 000 Soldaten, zwei Legionen (von leges, sammeln) und 600 Rittern.
Mit der republikanischen Herrschaft werden zwei Richter/magistrati (von magister, Oberhaupt) gewählt, die Konsuln, die entscheidend über die Schicksale des Reiches mitbestimmen. Ihre Amtszeit dauert ein Jahr. In Krisensituationen kann für maximal sechs Monate ein Diktator mit Sondervollmachten (von dictare, bestimmen) ausgerüstet werden. Ein Zensor (von censere, bewerten) wird mit der Volkszählung beauftragt. Er listet das Eigentum der Bevölkerung auf und kontrolliert gleichzeitig das Verhalten der Einwohner.
Die religiöse Macht bleibt von der politischen getrennt und wird zunächst dem Rex Sacrorum (König der heiligen Dinge) und später dem Pontifex Maximus übertragen. Das gesamte Volk wählt die Richter, die vom Senat vorgeschlagen werden. Um 485 v.Chr. schließen die Patrizier (die herrschende Klasse) die Plebejer (alla anderen) vom Senat und von allen öffentlichen Amtern aus und beanspruchen das Recht der Gesetzgebung alleine für ihren Stand. Das Volk beruft daraufhin Versammlungen ein, Konzil genannt (Einberufung), wo Plebiszite (Befehle der Plebejer) verabschiedet und eigene Volksvertreter, die Tribunen der Plebejer, gewählt werden. 450 müssen die Patrizier der Forderung der Plebs nach geschriebenen Gesetzen zustimmen.
Die zunehmenden militärischen Verpflichtungen zwingen die Patrizier zu weiteren Zugeständnissen. So dürfen im 4. Jh. v.Chr. Plebejer zu Konsuln, zu Senatoren und zu Richtern gewählt werden, denn die Aufgaben für den Staat werden zunehmend komplizierter: es wurden Ämter für die quaestura (von quaera, suchen) gegründet, für die Zivilverwaltung (Eigentums- und Zivildelikte), die Denkmalpflege (von aedes, Bauwerk), zur Erhaltung der öffentlichen Monumente, Straßen und zur Organisation von Feiern und Schauspielen und die pretura (das Gericht). Uber die Gesetze wird bei den Versammlungen auf dem Komitium abgestimmt und später unter Caesar auf dem Campo Marzio. Die Tribunen der Plebs haben das Veto-Recht, wenn sie Gesetze als volksfeindlich beurteilen.
Als sich im 4. Jh. die Kriegszeiten verlängern, führt man das stipendium (militärischer Sold) als Entschädigung für den Arbeitsausfall ein. Mit wachsenden Kriegseinsätzen werden die Legionen auf vier aufgestockt und auch mittellose Soldaten einberufen, die bewaffnet und bezahlt werden müssen. Der Militärdienst dauert mehrere Jahre. Zur Besetzung der Regierungsämter in den eroberten Provinzen werden neue Amter gegründet: die Pro-Konsuln und Pro-Prätoren.
Der Senat bleibt die Versammlung zur Beratung der Konsuln, deren Richtlinien allerdings nicht verbindend sind. De facto regiert dennoch der Senat, da die Senatoren auf Lebenszeit und die Konsuln nur begrenzt in ihren Ämtern bleiben.
Mit der Einrichtung des Prinzipats unter Tiberius liegt die Gesetzgebung allein in den Händen der Senatoren, die sich allerdings oft darauf beschränken, den kaiserlichen Willen in Gesetze umzuwandeln.

TAFEL C - PALATIN

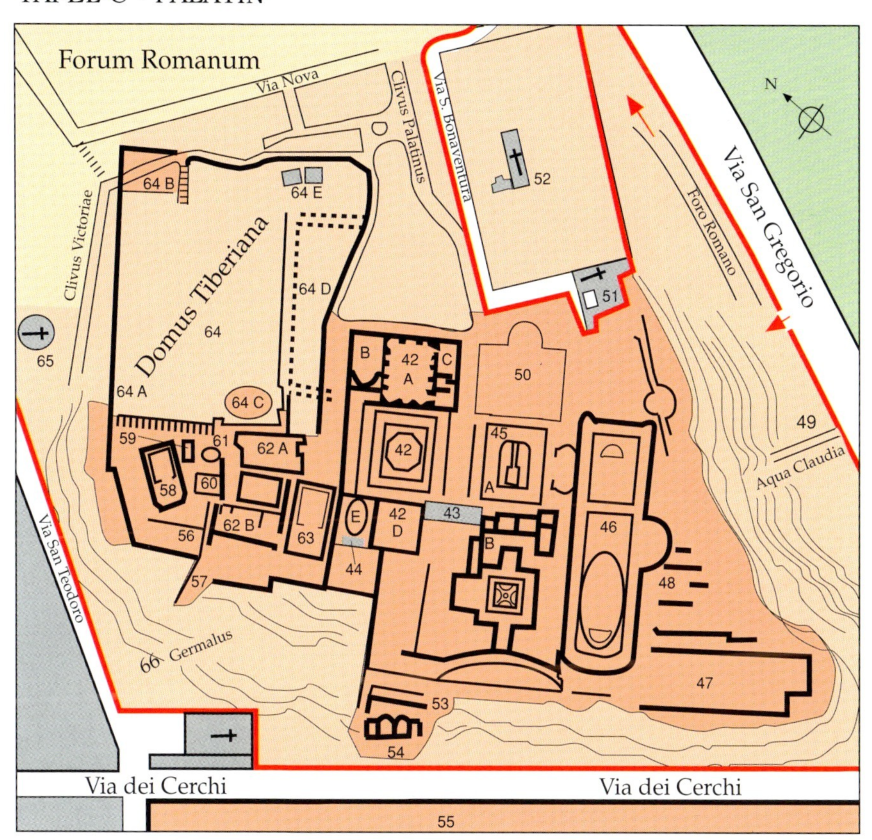

42) Domus Flavia - 42/A) Aula Regia - 42/B) Auditorium - 42/C) Laarium - 42/D) Eßzimmer des Zeus - 42/E) Brunnen - 43) Antiquarium - 44) Loggetta - 45) Domus Augustana - 45/A) Peristyl - 45/B) Apartement - 46) Stadion - 47) Domus Severiana - 48) Thermen - 49) Acquädukt - 50) Ebene - 51) S. Bonaventura - 52) S. Sebastiano - 53) Paedagogium - 54) Domus Praeconum - 55) Circo Maximus - 56) Hütter - 57) Scalae Caci - 58) Tempel der Magna Mater - 59) Heiligtum der Juno - 60,61) Zisternen - 62/A-B) Häuser der Livia und des Augustus - 63) Apollo-Tempel- 64) Domus Tiberiana - 64/A) Terrasse- 64/B) Clivus Victoriae - 64/C) Wanne - 64/D) Portikus - 64/E) Vogelhaus - 65) S. Teodoro - 66) Germalus

Die Besichtigung des Palatin-Hügels *(Palatium)* beginnt am *Titus-Bogen (tf.A - nr.2)*, wo der Clivus (aufsteigende Weg) zum Palatinus beginnt.
An der Spitze des Hügels liegen zahlreiche Ruinen vor uns, die Reste des jüngsten Gebäudes auf dem Palatin: der monumentale Kaiserpalast, der über älteren Siedlungen errichtet wurde. Domitian beauftragte den römischen Architekten Rabirio mit dem Bauwerk, das 92 n.Chr. vollendet und mit älteren Kaiserwohnungen verbunden wurde (den Häusern des Nero, Caligula, des Tiberius und des Augustus). Der ganze Palatin wurde unter Domitian zur Kaiserresidenz mit Wohn- und Amtssitz des Imperatoren. Bis zum Ende des römischen Imperiums und in den Anfangszeiten der Besetzung durch die Barbaren herrschten hier die Kaiser und Könige. Von *Palatium* wurde das Wort Palast abgeleitet.
Das Bauwerk des Rabirio hatte zwei Flügel: der Amtssitz, *Domus Flavia* genannt, und der Wohnbereich, die *Domus Augustana*.

Domus Flavia (tf.C - nr. 42). erhielt ihren Namen von der Flavier-Familie, der Domitian angehörte.
Den großen, viereckigen Innenhof-Garten mit Säulenumrahmung beherrschte ein achteckiger Monumental-Brunnen, der die beiden gegenüberliegenden Häuser gleichzeitig trennte und verband. Im Norden führten zwei Eingänge in den großen Saal, **Aula Regia (tf.C - nr.42/A)** für die öffentlichen Audienzen (*salutationes*, Begrüßungen). An der Eingangswand stand in einer Apsis der majestätische Thron des Kaisers. Domitian führte als offizielle Ansprache bei diesen Anlässen das *dominus et deus* (Herrscher und Gott) ein. Auf der gegenüberliegenden Seite führte eine Tür auf eine Terrasse mit malerischem Panorama.
An der linken Seite des Saals lag vermutlich das **Auditorium (tf.C - nr.24/B)**, das später *Basilika* genannt wurde Auch sie hatte eine Apsis und Säulen entlang dem Hauptschiff und den beiden Seitenschiffen. In ihr hielt der Kaiser die Versammlungen ab, bestimmte über das Schicksal des Weltenreiches.
Auf der anderen Seite - östlich - lag wahrscheinlich zum *Clivus Palatinus* hin der Haupteingang zur Aula Regia mit der Verbindung zur *Domus Augustana*, in der die Prätorianergarde stationiert war. Später bekam dieser Teil den Namen **Lararium (tf.C - nr.42/C)** von *Lari*, Schutzgöttern des Hauses.

Prätorianer. *Militärische Elite-Truppe, die nicht zu den Legionen gehörte. Zunächst war sie in republikanischer Zeit die Leibwächtergarde der Konsuln in Kriegen. Seit Augustus gab es eine fest in Rom stationierte Prätorianer-Garde, die direkt dem Kaiser unterstand und bei Kaiserwahlen meist ein bestimmendes Wort mitsprach. Konstantin löste sie auf, nachdem die Prätorianer bei seiner Auseinandersetzung mit Maxentius auf dessen Seite standen.*

Vor der Aula Regia ist gegenüber des Peristyls noch ein Fußboden des **Cenatio Iovis** (Eßzimmer des Jupiter, **tf.C - nr.42/D**) erkennbar: die einzig erhaltenen Ruinen des *triclinium* (Speisaal), ein grandioses Ambiente, in dem die offiziellen Empfänge stattfanden. Die Reste des Marmorfußbodens sind aus der Zeit des Hadrian. Der zweischichtige Fußboden ermöglichte die Fußbodenheizung in den Zwischenräumen.

In großzügig drapierten Mussolingewändern konsumierten die Römer ihr Hauptmahl bei Sonnenuntergang: dabei lagen sie auf dem triclinium (eine Art Sofa mit drei Plätzen) rund um den Tisch, der seit Domitians Regierungzeit mit einem Tischtuch gedeckt wurde.

Ein grandioser **Ovaler Brunnen (tf.C - nr.42/E)**, dessen Ruinen neben dem Eßzimmer des Zeus erkennbar sind, plätscherte in einem Veranda-Raum mit großen Fensteröffnungen an allen Seiten. Unter den Resten des Marmorfußbodens aus Domitians

23. Domus Flavia. Elyptischer Brunnen

Zeit gibt es Reste eines bunten Marmorbodens (opus sectile) aus

24. Luftaufnahme des Palatin und vom Kolosseum von Süd-ost

einem Nymphäum (Tempel mit Brunnen der Nymphen) eines früheren Kaiserpalastes von Nero, der beim Brand im Jahr 64 n.Chr. zerstört wurde und durch die Domus Aurea ersetzt wurde. Ein weiterer Saal mit monumentalem Brunnen lag vermutlich auch auf der anderen Seite des Eßzimmers des Jupiter.

Noch in der ersten Hälfte des 8. Jh.n.Chr. wurden aus dem Palast Statuen und Marmorobjekte abgetragen: die Leidenschaft für Antiquitäten war stärker als der Sinn für die Denkmalpflege.

Vom *Larario* und von der *Basilika* erreicht man die Reste von zwei Wohnhäusern aus republikanischer Zeit. Sie befinden sich auf der Höhe der Kaiserpalastes und wurden wegen der dort entdeckten Wandmalereien und Stuckdekorationen als **Haus der Greifen** und **Aula Isiaca** bezeichnet. Das Haus der Greifen stammt aus dem 2. Jh. v.Chr, das zweite aus der 2. Hälfte des 1. J.h wurde vermutlich von Markus Antonius, dem General Caesars und Feind des Augustus, bewohnt. Von hier aus kann man in den Eßsaal des Jupiter (auf der Ebene des Nero Palastes (Domus Transitoria) der beim Brand 64 zerstört wurde, Eßsaal des Jupiter liegt **Nymphäum,**

Domus Transitoria *- was so viel wie Haus des Durchgangs bedeutet - verband die kaiserlichen Häuser am Palatin mit denen des Esquilin. Beim Brand 64 zerstört und von Nero durch die* Domus Aurea *(s.S. 46) ersetzt.*

Antiquarium des Palatin (tf.C- nr.43). Zwischen der *Domus Flavia* und der *Domus Augustana* liegt ein bescheidenes Bauwerk aus dem 19. Jh., eine Erweiterung eines mittelalterlichen Klosters, das zum Teil für die Freilegung des Nymphäums und des Eßzimmers von Jupiter abgerissen wurde. Über dem Eßzimmer wurde eine **kleine Loggia (tf.C- nr.44)** mit grotesken Wandmalereien aus der *Aula Isiaca* ausgegraben.
Im *Antiquarium* sind Fragmente von Wandmalereien, Marmorfußböden, Skulpturen, Stuckdekorationen, Keramik und Graffiti-Arbeiten aus dem Kaiserpalast aufbewahrt. Ein Raum mit Wandmalerein aus dem Haus der Greifen ist derzeit leider geschlossen.

Domus Augustana (tf.C- nr.45) ist nicht das Haus des Augustus, wie der Name suggeriert, sondern seit der Antike das Wohnhaus des Kaisers.
Dieser Flügel des Kaiserpalastes besteht aus drei Baueinheiten: Zur *Domus Flavia* hin erstreckte sich ein **Viereckiges Peristyl (tf.C- nr.45/A)** in dessen Mitte ein künstlich angelegter Teich den Tempel der Minerva umrahmte. Eine Brücke brachte die Gläubigen zur Kultstätte. Die Räume um den Säulenhof waren vermutlich die Repräsentationssäle des kaiserlichen Wohnkomplexes der beirahe ganz zestört ist. Besser erhalten ist die zweite Baueinheit der *Domus Augustana*: das zweistöckige Wohnhaus des Kaisers und das **imperiale apartement (tf.C- nr.45/B)** in sehr schlechtem oder stark restauriertem Zustand. Vom Peristyl aus gelangt man in den Innenhof mit quadratischem Wandbrunnen, auf dem vier Amazonen (jungfräuliche Kriegerinnen aus der griechischen Mythologie) dargestellt sind. Im Osten des Innenhofs Reste eines Nymphäums und eines weiteren Brunnens. Überdachte Rampentreppen verbanden die beiden Etagen. Die Außenwand des Baus formt ein Halbrund, das den *Circus Maximus* dominiert.

Circus Maximus (tf.C- nr.55) nimmt das gesamte Murcia-Tal ein und wurde vom ersten etruskischen König, Tarquinius Pricus, im 7. Jh.v.Chr. erbaut.
Die alten Römer veranstalteten dort Wagenrennen (mit zwei bis vier vorgespannten Pferden), die im Murcia-Tal auch schon unter Romulus stattgefunden haben sollen. Die beliebten Wagenrennen waren jedenfalls das älteste Schauspiel in Rom. In der Kaiserzeit bot der Circus Maximus (600x115 Meter) Platz für mehr als 350.000 Zuschauer. Die Wagen fuhren gegen die Uhrzeitrichtung um eine 340 Meter Trennungsmauer; die die Bahnen trennte und wo der Bach Euripus durch das Tal floß. Zwei ägyptische Obelisken, die heute vor der Lateransbasilika und auf der Piazza del Popolo stehen,

25. Peristyl der Domus Flavia

26. Luftaufnahme des Cirkus Maximus und des Palatin von Süd-west

begrenzten die Trennungsmauer. Das letzte uns überlieferte Wagenrennen fand 549 n.Chr. unter dem gotischen König Totila statt.

Die dritte Baueinheit der *Domus Augustana* bildet das **Stadion (tf.C- nr.46)**, ein rechteckiger Bau (160x50 Meter) mit eingebauter Rundtribüne. Ein Portikus und eine Loggia zierten die Seiten, die durch die breite Rundtribüne an der Ostseite getrennt waren. Diese Arena, ebenfalls durch eine Trennungsmauer unterteilt, war die private Manege des Kaisers. Denselben Zweck erfüllte vermutlich die ovale Struktur am äußeren Ende, die der Gotenkonig Theodorich bauen ließ.

Paedagogium (tf.C- nr.53) Ein kleines viereckiges Gebäude (dessen Name auf Schule deutet) im östlichen Teil des Palastes zum Circus Maximus hin. Dort wohnten die Sklaven des Kaisers, die für den Verputz der Mauern und Graffitimalereien (im Antiquarium) verantwortlich waren. Es handelte sich wahrscheinlich um Griechen.

Domus Praeconum (tf.C- nr.54) Wenig unterhalb des Paedagogiums lagen drei Räume, die *Casa degli Araldi* (Haus der Boten) weil dort die nuntii circi, (die Botschafter des Zirkus wohnten). Die Mosaikbilder (im Antiquarium mit anderen Musivarbeiten und Wandmalereien aus diesem Haus aus Servianischer Epoche), die eine Prozession von Boten im Circus darstellen, ermöglichten die Identifizierung des Hauses.

Domus Severiana (tf.C- nr.47) Kaiser Septimius Severus (193-211) fügte dem Palast einen weiteren Flügel im Osten des Hügels hinzu. Vor uns liegen dessen Fundamente. In einigen Bogen-Ruinen sind noch die originellen schwarz-weißen Mosaike und geometrischen Dekorationen erhalten.
Zwischen der Domus Severiana und dem Halbkreis des Stadions sind Reste der **Thermen (tf.C- nr.48)** des Palastes erhalten, die das **Aquädukt (tf.C - nr.49)** der *Acqua Claudia* mit Wasser versorgte. Dafür ließ Domitian eine bestehende Wasserleitung vom Celio-Hügel zum Palatin verlängern, die unter Maxentius wiederhergestellt wurden.

Die Ebene (tf.C- nr.50) nördlich des Peristyls der *Domus Augustana* ist mit bislang nicht identifizierten Ruinen bedeckt. Möglicherweise lag hier ein weiterer Säulenhof.

Im äußersten Süden der Ebene liegt außerhalb der archäologischen Stätte die Kirche **San Bonaventura (tf.C- nr.51)**, die man über die gleichnamige Straße mit *Stationen der Via Crucis* aus dem 17. Jh. erreicht.
Ungefähr auf halbem Weg der Via Bonaventura liegt links hinter einem Gitter (Klingel für die Visite) auf einer angelegten **Terrasse (tf.C- nr.52)** ein Weinberg. Schon in domitianischer Zeit (81-96) lag dort ein Park, in dem Kaiser Elagabal (218-222) einen Tempel für den orientalischen Sonnengott *Heliogabalos* errichten ließ. Er selbst - so heißt es - identifizierte sich mit der Gottheit und wollte schon zu Lebzeiten als Gott verehrt werden. Elagabal (Priester des Gottes *Heliogabalos*) ließ in dieses Heiligtum die wertvollsten Schätze aus den römischen Kultstätten (das Feuer der Vesta, das Bild der Athena Palladio, die heiligen Schilder) bringen. Auf den Treppen zum Tempel erlitt unter Diokletian (284-305), der Heilige Sebastian, ein römischer Offizier das Martyrium. Daran erinnert die barocke *Kirche des Hl. Sebastian* aus dem 17.Jh., in der noch Mosaike und die Apsis aus einer früheren Kirche des 11. Jh. erhalten sind. Links stehen die Mauern des alten, mittelalterlichen Benediktinerklosters.

Elagabal (Marcus Aurelius Antoninus). *Stammte mütterlicherseits von der Familie des Septimius Severus ab und wuchs im syrischen Emesa auf. Dort wurde der Sonnengott Heliogabalos verehrt. 218 riefen ihn die dort stationierten Kaisertruppen nach der Ermordung von Kaiser* ***Macrino*** *zum Imperator aus. Der neue Kaiser brachte nach Rom zahlreiche orientalische Sitten und Gepflogenheiten. Der grausame Mann wurde 222 von den Prätorianern 18jährig ermordet und in den Tiber geworfen. Sein Adoptivsohn und Cousin,* ***Alexander Severus****, folgte ihm 13jährig auf dem Thron.*

Eisenzeit-Hütten (tf.C- nr.56).

An der äußersten Ostecke des Palatin wurden 1948 Reste von drei Hütten aus der Eisenzeit (8.

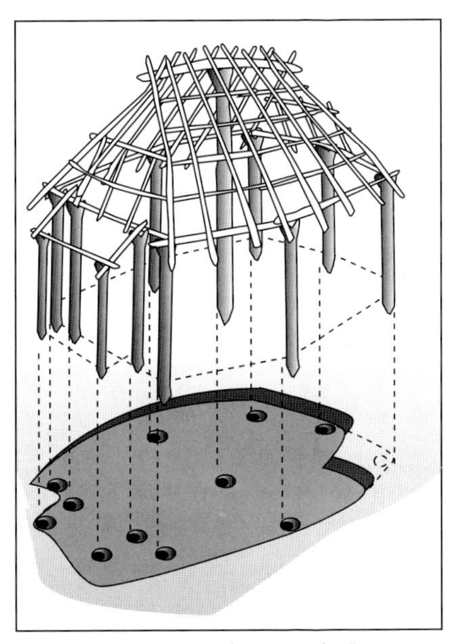

27. Sogenannte Hütte des "Romulus"

Jh. v.Chr.) entdeckt. Sie sind aus Lehm gebaut und mit leicht gerundeten Ecken. Aus demselben Jahrhundert stammen die Ruinen der *Nekropole im Forum (tf.A - nr.10).* Es ist das Jahrhundert, in dem den Annalen zufolge Rom gegründet wurde (753 v.Chr.). Erhalten blieben von der größten Hütte sechs Steine mit Einschnitten für die Pfähle, die die Lehmmauern stützten. Auf einen Pfahl in der Mitte der Hütte wurden die Tragbalken für das Dach gelegt. Vier Foren an der Außenseite sind dort, wo der Eingang mit Überdachung war. Ein kleiner Kanal rund um die Hütten fing das Regenwasser auf. Die Römer hielten eine dieser Hütten für die Wohnstätte des Romulus. Kaiser Augustus - ein traditionsbewußter Mann - wählte deshalb den unmittelbar davor liegenden Platz für sein

Wohnhaus. Die Tuffblöcke stammen vermutlich vom Theater (2. Jh. v. Chr.) neben dem *Tempel der Kybele* in dem Theateraufführungen zu Ehren der Göttin veranstaltet wurden.

Scalae Caci (tf.C- nr.57). Die kurzem zementierte Rampentreppe führt vom Hügel zum Tiber: der Weg entspricht in etwa den antiken Treppen des Caco, die zur Höhle Lupercale führten, in der laut Überlieferung Romulus und Remus von der Wölfin gesäugt wurden. Am untersten Ende der Treppe lag eines der drei Tore der Befestigungsmauern der von Romulus gegründeten Stadt.

Caco. *Ist der Mythologie nach ein Riese des Ortes, dessen Geschichte an die Heldentaten des Herkules knüpfen. Schon vor der Landung des Aenas an der Küste Latiums - so die Überlieferung - stahl Caco Herkules in der Nähe des* Foro Boario (s.S.44) *dessen Herde. Beim folgenden Zweikampf wurde Caco von Herkules besiegt, der dabei auch die Region von den Missetaten des Riesen befreite. Die Siedler auf dem Palatin machten Herkules zu ihrem Nationalhelden und errichteten ihm einen Altar, die* ***Ara Maxima von Herkules****. Von diesem Altar, der im 2. Jh. v.Chr. renoviert wurde, ist vor der Kirche* Santa Maria Cosmedin *auf dem* Foro Boario *ein Tuffsteinquader erhalten. Archäologische Ausgrabungen bestätigten, daß sich im Forum Boarium in den ersten Jahrzehnten des 8. Jh. v. Chr. griechische Siedler, vermutlich Schiffsfahrer und Händler, niedergelassen hatten, bevor lateinische Männer und Frauen dort siedelten. Da Herkules auch der Schutzherr der Schäfer war, können wir davon ausgehen, daß schon in vorgeschichtlicher Zeit am Ort des späteren Roms Menschen zumindest vorübergehend siedelten.*

Tempel der Magna Mater (tf.C- nr.58). Gegen Ende des 3. Jh. v.Chr., in den Jahren des Krieges gegen das nordafrikanische Karthago, einer der schwersten Konflikte für die Römer, wurde in Rom der Kult für die Urmutter

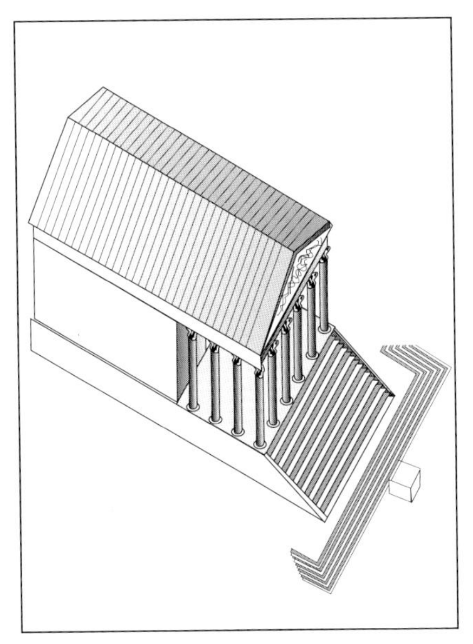

28. Tempel der Magna Mater im 1Jh.v. Chr. (Rekonstruktion)

Kybele als Staatsreligion importiert.
Zweifelsohne wollte man damit den Schutz der großen Göttin erflehen. Kybele wurde im Geburtsort des Aeneas, dem mythischen Ahnen der Römer, in Kleinasien verehrt. Im Tempel der Kybele - dessen Podest erhalten blieb - bewahrten die Römer den kegelförmigen Schwarzen Stein (vielleicht ein Meteorit) auf, der den Kopf der Göttin skizzierte und den die Botschafter des Königs von Pergamo bei Troja nach Rom gebracht hatten. Bis der Tempel der Magna Mater fertiggestellt wurde, befand sich der magische Stein im **Tempel der Vittoria**, der 294 v.Chr. nicht weit entfernt, in der Nähe der *Kirche San Teodoro (tf.C- nr.65)*. Eine Statue der *Kybele* ohne Kopf wurde unweit ihres Tempels bei Ausgrabungen ans Tageslicht

gebracht und befindet sich im dritten Raum rechts der naheliegenden *Domus Tiberiana (tf.C- nr.64)*. Wenig weiter liegen die Backsteinruinen aus der Zeit Hadrians des **Heiligtums der Juno Sospita (tf.C- nr.59)** und zwei **Zysternen (tf.C- nr.60,61)**, die in den Hügel gegraben und im 6. Jh.v.Chr mit Tuffsteinblöcken abgedeckt worden waren. Neben einer der beiden Zysternen (61) eine Brunnenbrüstung.

***Juno.** Oberste weibliche Gottheit in Rom, vergleichbar mit Hera in Griechenland. Schwester und Ehefrau des Jupiter, Mutter des Mars und Vulkan. Schützerin der Familie, des Ehelebens, der Geburten und der Frauen allgemein. Sospita bedeutetBeschützerin beziehungsweise Befreierin.*

Quartier des Augustus. Eine Häusergruppe aus der spätrepublikanischen Epoche ist in relativ gutem Zustand, da die kaiserlichen Architekten der späteren Jahrhunderte wenig an ihr veränderten. 30 v.Chr. wurde sie von Augustus, als er seinen Wohnsitz auf den Palatin in die Nähe der alten Hütte des Romulus verlegte, gekauft. Die Residenz des Augustus bestand aus bestehenden Gebäuden, die renoviert und miteinander verbunden wurden. Ein schmucker, aber kein prunkhafter Gebäudekomplex. Ganz nach dem strengen Geschmack und Charakter des ersten Kaiser Roms.

Haus der Livia (tf.C- nr.62/A). Die Archäologen, die es 1869 ans Tageslicht förderten, hielten es für die Wohnung der Livia, Ehefrau des Augustus. Die mit Fresko geschmückten Treppen **(tf.D - nr.1)** mit weißem und schwarzem Marmor auf den Stufen führen zu einem Innenhof **(tf.D - nr.2)** mit Portikus. Darum herum drei Räume, deren antiker schwarz-weißer Mosaikfußboden erhalten ist, und im Süden das Triklinium. Das Haus war mit wunderschönen Wandmalereien versehen, die um 30 v.Chr. in der typischen Scheinarchitektur der augustäischen Zeit im pompjanischen Stil gefertigt wurden.

***Atrium.** Eingangshof mit Öffnung in der Mitte. Die Überdachung ließ das Regenwasser durchsickern, das man in aufgestellten oder im Boden eingelassene Wannen auffing.*

***Hermes.** Sohn des Zeus und sein Botschafter. Erfinder der Lyra und der Flöte. Der Mythos schreibt ihm besondere Kunstfertigkeit zu. Schutzgott der Händler und der Diebe. In Rom vergleichbar mit Merkur.*

Südlich vom *Haus der Livia* befinden sich Reste eines Peristyls, der über einem alten Wohnhaus aus republikanischer Zeit errichtet wurde und das Haus der Livia mit der Wohnanlage des Augustus verband. Ruinen davon mit Fußbodenmosaiken und Wandmalereien sind erhalten.

Haus des Augustus (tf.C - nr.62/B). Wurde in den 60er Jahren des laufenden Jahrhunderts ausgegraben. Das Kaiserhaus bestand aus zwei Flügeln: dem östlichen mit mehreren, eher einfachen Wohnräumen mit schwarz-weißem Mosaikboden und dem westlichen mit größeren Räumen zur Amtsausübung mit Marmorboden. Darunter einige besonders prächtige Zimmer mit wunderschönen Wandmalereien aus dem Jahr 30 v.Chr..
Tempel des Apoll (tf.C - nr.63). Auch das Heiligtum wurde unter August über republikanischen Häusern gebaut. Von dem einst recht prunkvollen Tempel stehen nur noch Ruinen des Podests. Der Tempel war mit einem Portikus

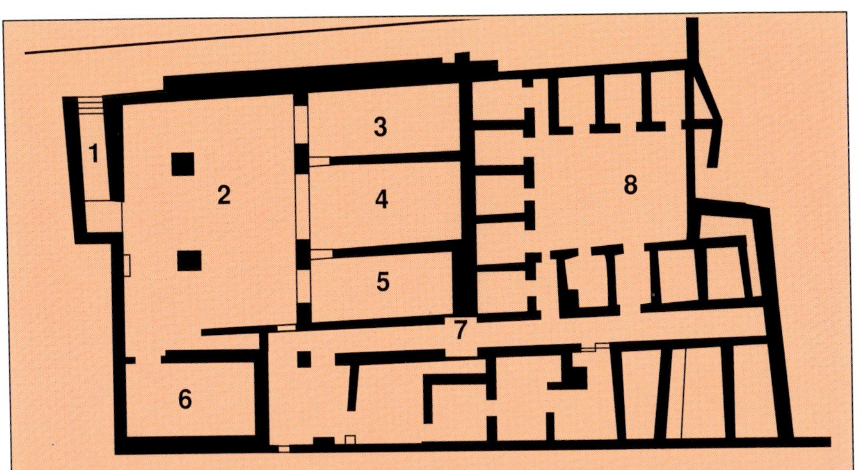

*Im mittleren Saal **(4)** in der Ädikula an der rechten Wand der Mythos des von Zeus geliebten Mädchens Io, das von Hera zur Gefangenschaft des hundertäugigen Argus verdammt wird. Zeus läßt Argus zur Befreiung des Mädchens von Hermes töten. Hera transferiert die hundert Augen des Argus in die Schwanzfedern des Pfaus, den sie als heiliges Tier verehrt. Io wird von Zeus in den Olymp aufgenommen und in ein Sternbild verwandelt. Auf dem Bild sind die drei Protagonisten des Mythos und Juna erkennbar. Die beiden seitlichen Räume **(3,5)** und das Triklinium **(6)** sind mit ornamentaler Kunst dekoriert: Säulen, rechteckige Hintergründe, Grotesken, Ghirlanden, ägyptische Szenen und Scheinfenster mit dahinter vorgetäuschter Landschaft. Im oberen Stock liegen am Korridor **(7)** rund um einen viereckigen Vorraum mehrere Zimmer, auf die man von einem quadratischen Korridor **(8)** blickt. Außerdem kann von hier aus das das vermutlich originelle Atrium mit Eingang zum Osten, das bei den Umbauten durch Augustus umstrukturiert wurde.*

umrahmt und mit Terrakotta-Figuren - im Antiquarium - ausgeschmückt. Im Tempel und in der Bibliothek Palatina (in der die Sibyllinischen Bücher aufbewahrt wurden, die heiligen Bücher der Weissagungen) versammelten sich in der Kaiserzeit auch die Senatoren. Die Ruinen der Renovierungen unter Domitian zwischen dem Tempel und der Domus Flavia sind spärlich, aber ein Hinweis für die inzwischen absolute Herrschaft des Kaisers über die gesetzgebende Versammlung.

***Apoll**. Sohn des Zeus und Gott der Hirten, der Kunst und der Musik: sein Bruder Hermes schenkt ihm die Lyra und die Flöte. Augustus wählt ihn zu seinem persönlichen Schutzgott.*

Domus Tiberiana (tf.C - nr.64). Hinter dem *Tempel der Magna Mater (tf.C - nr.58)* ist eine Reihe von Räumen erhalten, die vermutlich während der Regierungszeit des Nero nach dem Brand des Jahres 64 n.Chr. errichtet wurden. Im achten Raum rechts sind Freskomalereien aus dem 3. Jh.n.Chr. des Kaiserpalastes des Tiberius zu sehen. Der Garten, die Orti Farnesiani (Farnesische Gärten) wurden nach dem Kardinal Alessandro Farnese (1520-1589) benannt, einem großzügigen Mäzen und Neffen von Papst Paul III. aus der Adelsfamilie der Farnese. Der Garten, der nach wie vor weitgehend die Strukturen des 16. Jh. bewahrt, gilt weltweit als erster botanischer Garten. Zwischen dem Tempel der Magna Mater und dem Forum ließ Tiberius den ersten, von Architekten geplanten, Kaiserpalast bauen. Den Ort wählte er wahrscheinlich, weil hier das Wohnhaus seines Vaters lag, dessen guter Zustand die

Archäologen vor weiteren Ausgrabungen abhielt. Unklar ist, ob Tiberius den Kaiserpalast in seinem ganzen späteren Ausmaß anlegte, oder ob vielmehr Caligula den Palazzo zum Forum hin erweiterte.
Von der **Terrasse (tf.C - nr.64/A).** öffnet sich der Blick zum dicht bebauten *Forum Boarium* und zum Kapitol. Vor uns Reste von Räumen aus der republikanischen Epoche. Zu Füßen des Hügels liegt der Rundbau der **Kirche San Teodoro (tf.C - nr.65)** in der gleichnamigen Straße, der früheren *Vicus Tuscus:* dort befindet sich seit dem 6. Jh. ein Diakonissenhaus an der Stelle eines Sozialzentrums für die geistige und leibliche Assistenz armer Menschen des antiken Roms. Vom ursprünglichen Bau der Kirche, im Renaissance-Stil umfangreich erneuert, blieb nur die Apsis erhalten. Über dem Tal hinweg der Kapitolshügel, auf dem im Kaiserreich der prunkvolle *Tempel des Zeus* als bedeutendstes Heiligtum lag.

Hl. Theodor. *Grieche aus Paflagonia (in der heutigen Türkei). Er starb 613, Einsiedler und später Bischof von Anastasiopolis.*

Forum Boarium. *Auf dieser Ebene zwischen dem Kapitol, Palatin und Aventin liegen die Wurzeln Roms. Hier kreuzten sich zwei natürliche Wege in frühhistorischer Zeit: die* Via Salaria, *die vom Meer in die Berge führte, und die Via, die wenig südlich der Isola Tiberina von Nord nach Süden brachte. Der Tiber war eine bedeutende Schiffsstraße. Archäologische Ausgrabungen (1937) belegten in diesem Tal Spuren von Menschen aus der Bronzezeit (vom 14. bis zum 13. Jh. v.Chr.),und spätere griechische Siedlungen ab dem 8 Jh. längst vor der Gründung Roms. (753 v. Chr.) Händler, Schiffsfahrer und Schäfer trafen sich an diesem Ort. Auch die Namen dienen als Zeugen: das Tal Forum Boarium (Tiermarkt) und die Straße, die ihn durchquerte, die Via Salaria (die Straße des Salzes). Es ist wahrscheinlich, daß hier in sehr frühen Zeiten ein kleiner Hafen enstand und der später dort improvisierte Markt entscheidend zur Gründung der Stadt Rom beitrug. Zwischen dem Kapitol und dem Palatin floß der Velabro bis zum Tal des Forums. Schon zu Beginn der römischen Königszeit im 7.Jh.v.Chr. (etruskische Monarchie, Tarquinio Prisco) begann man mit der Trockenlegung des Tals, der Velabro wurde in die* ***Kloake Maximus*** *geleitet das Forum Romanium und Forum Boarium trockengelegt und im darauffdgen den Jahrhundert am Tiber ein Hafen ausgebaut.*

Gegenüber vom Haus des Tiberius sind die **Backsteinmauern** (tf.C - nr.64/B) eines Flügels des Palastes zu sehen, der in mehreren Epochen hochgezogen wurde. Die Großräume aus der domitianischen Zeit wurden von Arkaden aus der Regierungszeit des Hadrian an der *Clivus Victoriae* getrennt der Weg, der zum Tempel der Victoria führte. Diese Großräume dienten offenbar zunächst in der Kaiserzeit als Lagerhallen und dem kaiserlichen Fiskus. In der Süd-Ostecke des Palastes ein **Ovales Becken (tf.C - nr.64/C)** - vermutlich ein Fischteich - mit Treppenzugang. Im Osten des Palastes ein zum Teil **Unterirdischer Portikus (tf.C - nr.64/D)** für kühle Abende in den heißen Sommermonaten, der über Fenster in der Volta Licht erhielt. Während die Strukturen relativ gut erhalten sind, sind von den prächtigen Dekorationen kaum Spuren geblieben außer Fragmenten von Bodenmosaiken, Wandmalereien und Stuckarbeiten in der Volta, die zum Teil im *Antiquarium* aufbewahrt werden.
An der Nord-Ostecke des Palastes liegen auf einer

schönen Panorama-Terrasse die **Uccelliere**, Vogelhäuser **(tf.C - nr.64/E)**. Treppen führten von dort zum *Nymphaeum* und zum *Brunnen-Theater*. Eine hohe Mauer trennte das Forum vom Park, in den man über ein monumentales Portal zu den Ausgrabungsstätten in der Via San Gregorio gelangt. Das Portal, früher abgerissen, wurde 1955 wieder aufgebaut.

Tiberius (Claudius Nero Tiberius). *Sohn aus erster Ehe von Augustus Ehefrau Livia und Adoptivsohn des Kaisers. 14.n.Chr. wird er nach Augustus Tod vom Senat als Kaiser bestätigt. Geschätzter Militärführer, diplomatisch in der Verwaltung, autoritärer Charakter, der ihm so manche harte Auseinandersetzungen mit dem Senat beschert. Die letzten Jahre seiner Regierungszeit, als er sich nach Capri zurückgezogen und seinem Prätorianer-Komandanten Seiano die Regierungsgeschäfte überlassen hatte, waren von Prozessen und Hinrichtungen überschattet. Die Geschichtsschreibung ist sehr kritisch mit Tiberius, doch seine Regierung hatte durchaus gute Zeiten für Rom gebracht: Frieden, eine weise Verwaltung. Tiberius selbst verweigerte sich der extremen Verehrung seiner Person. Er stirbt 79jährig im Jahr 37 n.Chr..*

Caligula (Caius Caesar Germanicus). *Folgt Tiberius auf dem Thron, von dem er adoptiert worden war als Mitglied der Familie des Augustus. Er versucht, die absolute Herrschaft zu konsolidieren und wird dabei vom Senat, den er mißachtet, stark bekämpft. Den Namen Caligula erhielt er, weil er seit Kindeszeiten Militärschuhe (caliga) trug. Er läßt sich als Gott verehren und wird - 29 Jahre alt - 41 von den Prätorianern ermordet.*

29. Haus des Augustus: Stadion-Tribune

DAS TAL DES KOLOSSEUM

Das Tal zwischen den Hügeln Palatin, Esquilin und Celio war schon in der frühen Königszeit bewohnt. Nero (54-68 n.Chr.) baute am Nord-Ost-Ende die *Domus Transitoria*, eine Galerie als Verbindungskorridor zwischen den Palästen des Palatins und denen auf dem Esquilin. Der Großbrand im Jahr 64 n.Chr., der weite Teile Roms zerstörte (von den 14 Vierteln, in die Augustus Rom eingeteilt hatte, wurden drei völlig niedergebrannt, sieben weitgehend zerstört und nur vier blieben verschont), bot Nero den ersehnten Vorwand, das ganze Tal mit kaiserlichen Bauten auszustatten. An dem Punkt, wo heute das Kolosseum steht, ließ er zudem einen großen Teich anlegen. Der enorme Palastkomplex - **Domus Aurea** (das goldene Haus) genannt - erstreckte sich vom *Tempel der Venus und Roma (tf.E - nr.1)* bis zur Kirche *San Pietro in Vincoli* (St. Peter in Ketten) auf dem Esquilin und bis zum **Tempel des Claudius (tf.E - n.8)** auf dem Celio. Vom Glanz des Goldenen Hauses ist heute nur ein Flügel am *Colle Oppio* auf dem Esquilin über dem **Kolosseum (tf.E - n.6)** erhalten, der unter den später gebauten Thermen des Trajan liegt (er ist leider nicht zu besichtigen). Links vom Eingang der *Domus Aurea* sind unterhalb der Via Nicola Salvi Reste der **Titus-Thermen (tf.E - n.5)** zu sehen.

TAFEL E - TAL DES KOLOSSEUM

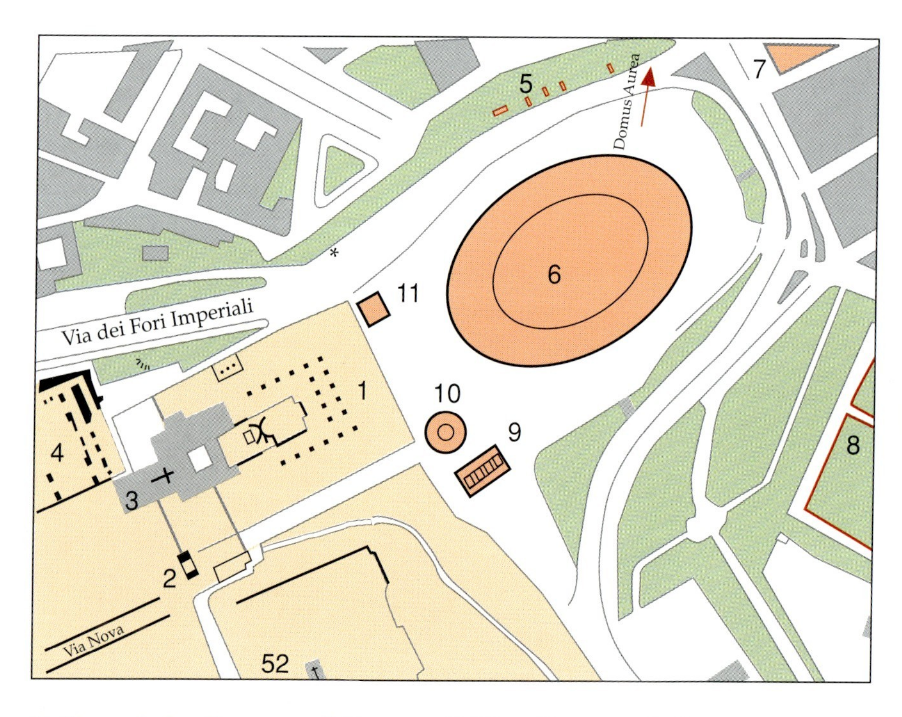

*1) Tempel der Venus und Roma - 2) Titus-Bogen - 3) Santa Francesca Romana - 4) Maxentius-Basilika - 5) Thermen des Titus - 6) Kolosseum - 7) Ludus magnus - 8) Tempel des Claudius - 9) Konstantin-Bogen - 10) Meta sudante - 11) Podest des Kolosses - 52) San Sebastiano - * Metro*

Kolosseum

30. Luftaufnahme des Kolosseum von Nord-west

Als Vespasian (69-79) ein Jahr nach der Ermordung Neros und schwerer politischer Krisen den Throm bestieg, ließ er das Amphitheater (ovaler Bau für Spiele und Kämpfe typisch für Rom und den Griechen unbekannt) bauen, das bis heute das Wahrzeichen Roms blieb. Sein Wunsch war es auch, einen Teil des einst öffentlichen Parks in den Riesenanlagen des Kaiserpalastes der Bevölkerung zurückzugeben. Den Namen Kolosseum, von colossale (kolossal, enorm), erhielt die Arena erst im Mittelalter: unklar ist, ob sie diesen Namen erhielt, weil sie das größte Bauwerk beziehungsweise das größte "Theaterhaus" des Altertums war, oder weil in unmittelbarer Nähe des Amphitheaters eine Kolossalstatue des Nero stand. Fertiggestellt wurde das Kolosseum unter Vespasians Söhnen, Titus (79-81) und Domitian (81-96).
Die Schauspiele, Jagdspiele oder Kämpfe, endeten regelmäßig in Blutbädern. Bei den hunderttägigen Einweihungsfeiern unter Titus wurden in der Arena 5000 wilde Tiere und hunderte von Gladiatoren getötet. Zur Feier des Sieges in Dakien (heute Rumänien) ließ Kaiser Trajan (98-117) 10 000 Gladiatoren im Kolosseum gegeneinander kämpfen. Die grausamen Gladiatoren-Kämpfe aber wurden in Rom schon vor dem Bau des Kolosseums ausgetragen. Vermutlich seit der Zeit der etruskischen Könige bei Beerdigungen. Im 3. Jh. v.Chr. fanden sie im Forum Boarium statt, später bei öffentlichen Feiern im Forum Romanum.

Verboten wurden die Gladiatoren-Kämpfe erst 438 n.Chr., 100 Jahre nach der Christianisierung Roms. 523 verbot der Gotenkönig Theodorich auch die Jagdspiele im Kolosseum. Im Mittelalter wurde das Kolosseum bei gewalttätigen Auseinandersetzungen als Festung genutzt und 851 beschädigte ein Erdbeben das Monument erheblich. Bis zum 17. Jh. blieb das Kolosseum genauso wenig wie zahlreiche andere Monumente von der Marmor-Gier der Fürsten und Päpste verschont und wurde als "Steinbruch" ausgebeutet. Die reichen Familien Roms holten sich dort Marmormaterial für ihre Stadtpaläste. Erst in der zweiten Hälfte des 18. Jahrhunderts begann man die schwer beschädigten Strukturen zu stabilisieren.

Das äußere Rund (mit einem Umfang von 527 und einer Höhe von 50 Metern) aus Travertinmauern (Kalkstein aus Latium) mit seinen vier Geschossen besteht aus vierstöckigen Bogenreihen, die von massiven Pilastern getragen werden, an deren Enden Halbsäulen die Bogen rahmen. Oben am Rund die Etage-Markierungen mit Kapitellen nach griechischer Tradition: "Tuscanici" (eine Variante der griechischen Kapitelle in dorischem Stil) im ersten Stock dorische: im zweiten ionische und in der dritten und letzen Etage korinthische Halbsäulen. Im vierten und obersten Geschoß eine Art Attiko, befanden sich über den darunterliegenden Halbsäulen der unteren Etagen Lisenen mit korinthischen Kapitellen, die entweder Blindfenster oder quadratische öffnungen einrahmten. Über diesen Fenstern waren am Gesims (vom Boden 50 Meter Höhe) die Masten angebracht, auf denen bei Bedarf Zelte zum Sonnenschutz gespannt wurden. 100 Marinesoldaten zogen diese Segeltücher (Velarium), die in der Nähe des Kolosseums aufbewahrt wurden, bei starker Sonneneinstrahlung als Dach über das ganze Amphitheater.

Zu den Spielen gelangten die Zuschauer über 80 Bogendurchgänge im Erdgeschoß. Vier gegenüberliegende Haupteingänge waren den Angehörigen der Kaiserfamilie und mächtigen Politikern reserviert: der im Norden brachte zur kaiserlichen Tribüne. Die Foren seitlich an den Blöcken bildeten sich, als im Mittelalter die Eisenklammern entfernt wurden. Von den Hauptachsen (188 und 156 Meter) kam man über Gewölbekorridoren zur Arena, zur "Bühne" des Kolosseums durch vier, mit Marmor verkleideten Bogengänge. Mehr als 50 000 Zuschauer konnten über die zahlreichen Eingänge und von dort über die Treppen und Korridore in wenigen Minuten zu ihren Plätzen in den verschiedenen Rängen gelangen. Die Ránge, deren Sitzreihen (*cavea*) total verlorengingen, verbanden Hunderte von Bögen und waren von den Korridoren aus über kleine Treppen erreichbar.

Die Tribünen waren in etwa 50 Reihen aus Stein und mehrere aus Holz gegliedert, auf denen jeweils Zehntausende von Schaulustigen den blutigen Spielen beiwohnten. Die Bühne der Arena (86x54 Meter) war mit abbaubaren Platten zur Lüftung der unteridischen Korridore abgedeckt. An den Rundmauern sind 30 Nischen zu sehen, in denen die Gladiatoren und Tiere über eine Art Aufzug aus den unterirdischen Korridoren in die Arena kamen. Außerdem wurden die mobilen Platten abmontiert, damit die Kampfgefährten von der unteren Etage die Hauptebene der Spiele erreichten. Der zentrale Korridor ging über das Kolosseum hinaus bis zur **Ludus Magnus (tf.E - n.7)**, eine Kaserne, in der die Gladiatoren wohnten und in deren kleinem Amphitheater sie trainierten.

32. Modell des ursprünglichen Kolosseum (Museum der Civiltà Romana). Rechts unten das Ludus Magnus

Triumphbogen des Konstantin

Wie die Inschriften auf der Attika des Bogens (tf.E - nr.9) überliefern, wurde das Monument von Konstantin zur Feier seines Sieges über Maxentius am 28. Oktober 312 n.Chr. errichtet. Die Schlacht an der Milvischen Brücke und der Sieg Konstantins bekamen ihre große historische Bedeutung vor allem durch die darauf folgende Einführung des Edikts von Mailand, 313 n.Chr., das den Christen die freie Religionsausübung zugestand. Das Toleranzedikt ist gleichzeitig der Anfang der Christianisierung Europas. Symbolisch für die Erneuerung des Reiches wurden bei der Dekoration des Siegesmals viele Spolien älterer Bauwerke aus dem 2. Jh. n.Chr. wiederverwendet. Hervorzuheben ist, wie in den Reliefs des Triumphbogens (auf Tafel F gran) die natürliche Perspektive zugunsten einer hierarchischen Darstellung der Figuren aufgegeben wird. Diese Kunstform greift gewissermaßen der späteren byzantinischen Kunst voraus.

TAFEL F - TRIUMPHBOGEN DES KONSTANTIN

Disposition der Darstellungen (West, Süd, Nord) nach den sechs Episoden des Kriegs zwischen Konstantin und Maxentius: 1.6.7.18.23.24. (die Reliefs aus der Zeit Konstantins sind in grau). Die reliefierten Bilder mit den Dakern (3.13.B.C.20.30.) von den Feldzügen Trajans in Dakien (101-105 n.Chr.) im heutigen Rumänien, wurden nach der Rückkehr Trajans gemeißelt. Die vier Reliefarbeiten an den Schmalseiten sind Teile eines Gesamtwerks (3.B.20.C), das vermutlich aus dem Trajansforum an diesen Ort gebracht wurde. Die acht Tondi, Rundbilder, (8.9.11.12.25.26.28.29.) zeigen Szenen aus dem Leben Hadrians. Die acht Flachreliefs oben stellen die Kriege Marc Aurels gegen die Quader und Markomannen (germanische Völker, die das römische Reich vom Osten an der Donaugrenze bedrängten) dar und wurden während der Regierungszeit des Sohnes von Marc Aurel, Kommodus, gearbeitet. Ursprünglich schmückten sie vermutlich einen Triumphbogen, der nicht erhalten ist.
Westseite: 1. Abreise der Legionen Konstantins aus Mailand - 2. Luna, Mond - 3. Trajan kämpft gegen die Daker und wird von Viktoria gekrönt
Südseite: 4. Viktorien und gefangene Barbaren (Konstantin) - 5. Flußgötter - 6. Belagerung von Verona (Konstantin) - 7. Schlacht an der Milvischen Brücke am Tiber vor Rom - 8. Hadrian bricht zur Jagd auf, Bild des Konstantin - 9. Hadrian opfert Silvano (Bild des Licinius) - 10. Geflügelte Viktorien - 11. Hadrian bei der Bärenjagd (Bild des Konstantin) - 12. Hadrian opfert Diana (Bild des Licinius) - 13. Vier Statuen der Daker - 14. Vorstellung eines barbarischen Königs bei Marc Aurel - 15. Gefangene werden vor Marc Aurel geführt - 16. Ansprache Marc Aurels an seine Soldaten - 17. Opfer des Marc Aurel am Feld - A. Widmungsinschrift für Konstantin - B. Kampf gegen die Daker - C. Triumphaler Einzug Trajans in Rom
Ostseite: 18. Einzug Konstantins in Rom - 19. Sole, Sonne - 20. Schlacht gegen die Daker
Nordseite: 21. Viktorien und gefangene Barbaren - 22. Flußgötter 23. Konstantin spricht zum Volk von der Rostra im Forum - 24. Konstantin verteilt Güter im Forum des Caesar - 25. Hadrian bei Wildschweinjagd - 26. Hadrian opfert Apoll - 27. Geflügelte Viktorien - 28. Hadrian bei der Löwenjagd - 29. Hadrian opfert Herkules - 30. Vier Statuen von Dakern - 31. Einzug Marc Aurels in Rom - 32. Abreise Marc Aurels von Rom - 33. Marc Aurel verteilt Güter - 34. Kapitulation eines barbarischen Königs vor Marc Aurel - A. Widmungsinschrift für Konstantin

Marc Aurel (Marcus Aeulius Aurelius Verus). *Wurde aufgrund seiner außerordentlichen Bildung (er schrieb unter anderem perfekt griechisch) und seiner strengen Moral auf Wunsch Hadrians von Antoninus Pius adoptiert und 161 zum Kaiser gekrönt. Während seiner Regierungszeit erlebte das Imperium Rebellionen in den Provinzen und den Überfall der Parther (ein Reich im heutigen Iran) sowie der Germanen. Exzellenter General, weiser Verwalter, großmütiger Gesetzgeber, Anhänger des Stoizismus (vom griechischen Zeno, 334 - 262 v.Chr., ins Leben gerufene philosophische Strömung), der seinen Namen von Portikus (Stoa) erhielt, unter dem Zeno in der Agora von Athen lehrte, daß das Wohlergehen des Menschen vom Respekt der Naturgesetze abhänge. Marc Aurel stirbt 180 n.Chr. 58jährig an Pest an der Donau im Krieg gegen die Markomannen.*
Kommodus (Marcus Aurelius Commodus Antoninus). *Wird Kaiser nach dem Tod seines Vaters Marc Aurel, mit dem er an der Donau kämpfte. Er schließt Frieden mit den Markomannen und führt bei seiner Rückkehr ein despotisches Regime. 192 wird er bei einer Revolte der Prätorianergarde 31jährig ermordet.*
Licinius (Valerius Licinianus Licinius) *teilt die Herrschaft mit Konstantin und regiert im Osten des Reiches. Im Konflikt mit Konstantin wird er von ihm geschlagen. Nachdem Licinius ein Bündnis mit den Goten sucht, wird er 75jährig zum Tode verurteilt.*
Milano *- Mailand: Ist seit der Antike ein bedeutendes Zentrum und Hauptstadt von einem der vier Reichsteile, in die Diokletian das Imperium aufgeteilt hatte.*
Verona*: Bedeutende Stadt in Norditalien an der Etsch im Tal, das nördlich nach Germanien führte.*
Silvano*: Römischer Gott der Wälder (silvae). Der Legende nach soll er bei einer Schlacht zwischen Römern und Etruskern ersteren beigestanden haben.*
Diana*: Italische Göttin (griechische Artemis). Grausame Jungfrau und Jägerin, die mit ihrem Bogen Männer genauso wie Tiere tötete. Sie personifiziert den Mond: Schwester des Apoll. Da sie aber auch die Sonne personifiziert ist sie auch Tochter des Zeus.*

Meta Sudans (tf.E - nr.10) Bedeutet "Wasserstrahl". Zwischen dem Kolosseum und dem Konstantinsbogen wurde die Basis eines Monumentalbrunnens aus dem vorletzten Jahrzehnt des 1. Jh.n.Chr. ans Tageslicht gefördert mit einem runden Bassin, das bis in die 30er Jahre unserer Jahrhunderts erhalten war. Als Mussolini mehr Platz für die großangelegten Militärparaden des faschistischen Regimes schaffen wollte, wurde der Brunnen abgerissen.

Podest des Kolosses (tf.E - nr.11). Aus demselben Grund wurde das Podest der Kolossalstatue von Nero abgetragen (39 Meter hoch). Die Bronzestatue selbst war bereits während der gotischen Kriege im 6. Jh. zerstört worden. Heute erinnert ein Blumenbeet an diese Stelle.

Colle Oppio. Gleich nördlich vom *Kolosseum* erhebt sich der Colle Oppio, eine von drei Erhebungen, die den Hügel Esquilin bilden. Dieser Hügel neben dem Kolosseum war schon im 8. Jh.v.Chr. besiedelt und wurde der Überlieferung zufolge vom vorletzten etruskischen König, Servius Tullius, ins Stadtgebiet eingegliedert. Im Zeitalter der Republik lag auf dem Esquilin das dichtest bewohnte Viertel Roms. Heute befindet sich auf dem Colle Oppio ein Park mit den **Thermen des Trajan**: von den großartigen Thermen sind heute im Park wenige Reste erhalten. Die Reste von drei Exedren, von vier die die Ecken abrundeten (in den beiden südlichen lagen vermutlich Bibliotheken) eines Apsisbaus neben der östlichen Exedra und von zwei Apsissälen des Hauptbaus. Im Nordwesten liegen die Ruinen der Zisterne, die als **Sieben Säle** bekannt wurde, obwohl neun lange Räume mit einer abgerundeten Mauer die Zisterne bildeten.

33. Konstantin-Bogen vom Süden

34. Kolossalstatue des Konstantin früher in der Maxentius-Basilika, heute auf dem Kapitol

KAISERFOREN

Via dei Fori Imperiali zwischen Esquilin und Forum Romanum. Diese Straßenachse wurde von Benito Mussolini in den 30er Jahren angelegt, weil der faschistische Diktator das *Kolosseum* repräsentativ mit dem *Nationaldenkmal* für König Vittorio Emanuele II. - unter dessen Herrschaft die Einheit Italiens besiegelt wurde - und dem Palazzo Venezia, dem Sitz seiner Regierung verbinden wollte. Dabei wurden nicht nur über den Foren errichtete Renaissance-Paläste, sondern auch weite Teile der antiken Foren selbst dem Asphalt geopfert. Um dem faschistischen Regime die Abhaltung seiner aufwendigen Militärparaden zu ermöglichen. An der Nordseite der Straße liegen die Kaiserforen, die die Kaiser von Caesar bis Trajan erbauen ließen.

TAFEL G - KAISERFOREN

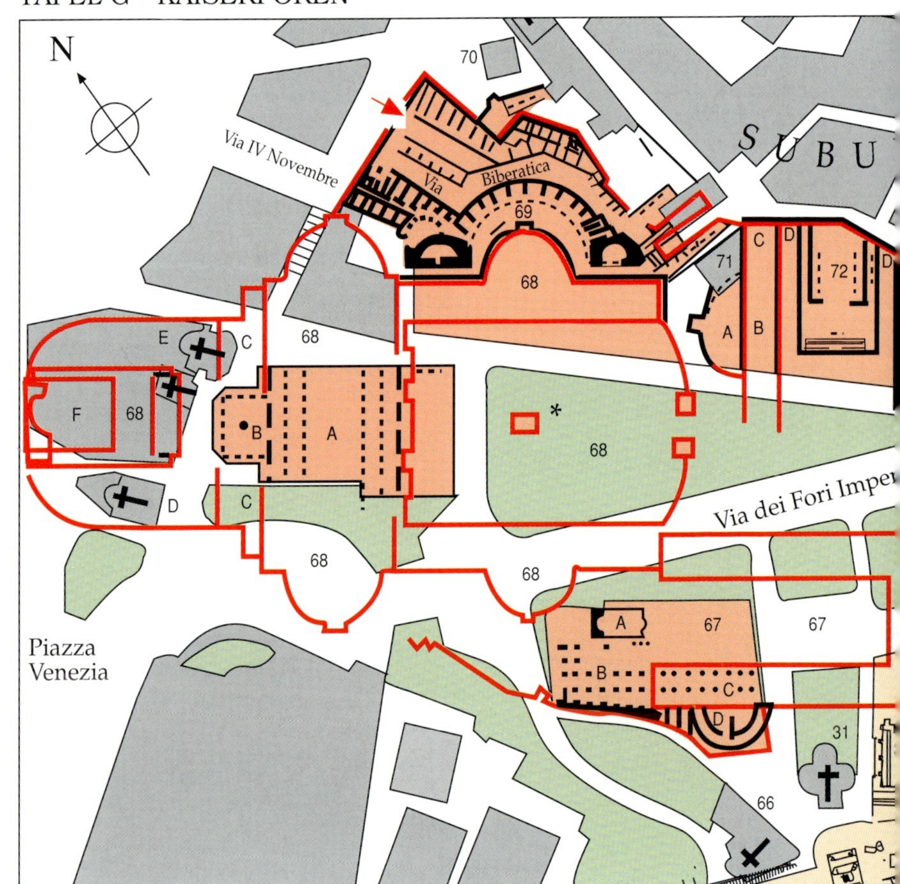

Mamertinischer Kerker (tf.G - nr.66) Unter der Kirche *San Giuseppe dei Falegnami* (frühes 16.Jh. mit Malereien aus dieser Zeit und Dekorationen aus dem 19.Jh.) kommt man durch einen Portikus zu einem Bauwerk aus der zweiten Hälfte des 1. Jh.v.Chr., dessen Inneres schon unter dem vierten römischen König Ancus Martius im 7.Jh.v.Chr. gebaut sein worden soll. Es ist der Zentralbau des römischen Staatsgefängnisses, der im antiken Rom mit dem *Komitium* in den *Foren* verbunden war (Der Großteil des antiken Baus verfiel). In der Antike unterschied man zwischen dem Gefängnis, in dem sozusagen die Untersuchungshäftlinge auf ihr Urteil warteten, und dem *Tullianum*, wo die Hinrichtungen durch den Strick, Enthauptung oder durch den Hungertod erfolgten. Freiheitsstrafen nach der Verurteilung gab es nicht: das Gesetz sah nur die Todesstrafe, das Exil oder eine Geldstrafe vor. In das Tullianum führt heute eine Treppe aus Tuffstein aus einem trapezförmigen Raum während es in der Antike nur über ein offenes Halbrund erreicht werden konnte und dessen Name von tullus (wasserblase) stammt. Die im Mittelalter verbreitete christliche Meinung, daß hier auch der Apostel Petrus gefangen war, entbehrt jeder historischen Grundlage.

Hl. Joseph. *Der Ehemann der Jungfrau Maria und vermeintliche Vater Jesus. Er war Tischler. Die Kirche wurde von der Kongregation der römischen Tischler errichtet.*

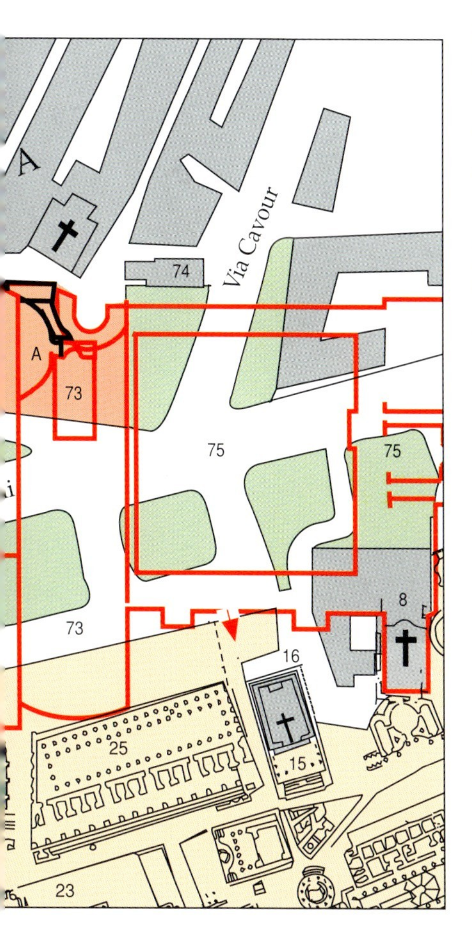

Kirche Santi Luca e Martina (tf.G - nr.31). Der gegenwärtige Bau wurde unter der Leitung eines der größten Barockkünstler Italiens, Pietro da Cortona, von 1635-64 an der Stelle einer frühchristlichen Kirche aus dem 7. Jh. errichtet. Das Innere des Zentralbaus ist reich geschmückt. In der Krypta hat Pietro da Cortona die Familiengruft ausgestattet, in der er begraben liegt. Im antiken Rom lag hier die vom dritten etruskischen König Roms, Tullius Hostilius gebaute, *Curia Hostilia*, der erste römische Senat. Hier sollen sich die Sabiner um Titus Tatius versammelt haben, als sie nach dem Raub ihrer Frauen in den Kampf gegen die Römer loszogen.

Hl. Luca. *Griechischer Heide, der sich nach dem Tod Christi zum christlichen Glauben bekehrte. Er verfaßte das dritte Evangelium (eines der vier Bücher über das Leben Christi) in griechischer Sprache und starb als Märtyrer. Unbekannt ist wo und wie.*
Hl. Martina. *Römische junge, Adelige, die unter Alexander Severus im 3. Jh. zum Martyrium durch Enthauptung verurteilt wurde.*

Caesar-Forum (tf.G - nr.67). Die Notwendigkeit, Rom mit öffentlichen Strukturen auszustatten, die der neuen Weltmachtrolle entsprechen, veranlaßte Caesar, das Forum Romanum über das Komitium hinaus zu erweitern. Dabei beauftragt er seine Architekten auch mit dem Bau einer neuen Kurie Caesar entschädigt dafür die Eigentümer privater Häuser teuer (60 Millionen Sesterzen), weil das römische Recht keine Enteignung für öffentliche Nutzbauten kannte. Einzigartig war es im alten Rom bis dahin, daß ein Platz einem einzigen Tempel, dem der Venere Genitrice (Mutter des Aeneas, des Vaters von Julius), gewidmet war, auf die die Familie Caesars ihre Abstammung zurückführte. Ein Zeichen, mit dem Caesar demonstrativ zeigte, daß seine mit Waffen eroberte Macht von göttlicher Herkunft abgeleitet war: auch die Architektur sollte den Übergang von der republikanischen Herrschaftsform zur Autokratie der Dynastien untermauern.

Ins Forum kommt man über den *Clivus* (ansteigender Weg) *Argentarius* (der Wechselstuben), der noch immer seine antiken Strukturen zeigt: links Reste von mehreren *tabernae* (Läden).
Mit dem Bau des Caesarforums begannen die Architekten des Diktators 54 v.Chr., seine Fertigstellung erfolgte erst unter dem Nachfolger Caesars, Augustus. Nur ein Drittel seiner ursprünglichen Fläche ist zu sehen.
Die Ruinen des **Tempels der Venus Genitrix (tf.G - nr.67/A)**, das Podest mit seinen drei erhaltenen Säulen liegen am Ende des Forums. Auf der gegenüberliegenden Seite - unter dem Kapitolshügel - liegen die Reste der **Basilika Argentaria**, der Börse des antiken Roms **(tf.G - nr.67/B)**, die von Trajan 113 n.Chr. eingeweiht wurde und in der die Wechselgeschäfte abgewickelt wurden. Die Langseiten des Forums umrahmten Portiken, in denen Handwerker ihre Werkstätten und **Läden (tf.G - nr.67/C)** mit einem Verkaufsraum und dahinter liegendem Lagerraum hatten. Darüber, unter der Treppe des heutigen Zugangs, lag ein großer halbrunder Raum mit einem Steintresen am abgerundeten Ende und einer mit Heizung versehener **Latrine (tf.G - nr.67/D)**, öffentliche Toilette, aus trajanischer Zeit. Das Forum erstreckte sich an seiner südlichen Ecke bis zur *Kurie*, wodurch eine direkte Verbindung mit dem Forum Romanum hergestellt war. Das Forum Romanum hatte aber an Bedeutung verloren. Zeichen dafür, daß die Strukturen der Republik als zweitrangige öffentliche Einrichtung gegenüber den Kaiserbauten zurückgestuft wurden: die Unterordnung der Republik unter die Macht des Diktators zunächst und der Kaiser später.

Augustusforum (tf.G - nr.72). Ein großer Teil dieses Kaiserforums liegt unter der Via dei Fori Imperiali und nur ein kleiner ist gegenüber dem Caesarforum zu sehen. Augustus widmete dieses neue Forum *Mars Ultor*: dem Kriegsgott, Rächer der Mörder Caesars und Vater des mythischen Stadtgründers Romulus. Und wie sein Adoptivvater Caesar leitet auch Augustus seine Abstammung direkt von Romulus und vom Gott ab. Der **Mars-Tempel** beherrscht, schon wie im Caesarforum der *Venus-Tempel*, den Hauptplatz und erstreckt sich bis zur hohen Mauer, die das prächtige Rom von der *Subura*, vom proletarischen Viertel, trennt. Von dort führten zwei **Treppen (tf.G - nr.72/D)** hoch in diesen volkstümlichen Stadtteil. Zwei **Apsisräume (tf.G - nr.72/A)** begrenzten die horizontale Achse des Tempels, **Portiken (tf.G - nr.72/B)**, an

35. Caesar-Forum

deren Säulen Statuen der Ahnen Augustus und von bedeutenden Römern aufgestellt waren, flankierten ihn. Es handelte sich um eine Ahnengalerie, die bis Aenaes und Romulus zurückging. Links im Tempel befand sich der **Grosse Saal (tf.G - nr.72/C)**, in dem ein kolossales Standbild von Augustus aufgestellt war. Auf dem hohen Podium des Tempels in quadratischen Tuffsteinen mit breitem Treppenaufgang und seitlichen Basen für Reisterstatuen befand sich der Altar, rechts davon stehen drei korinthische Marmorsäulen-Reste, und die 17,70 Meter hohe Tragsäule: eine von 24 Säulen des dreiseitigen Peripteros mit je acht Säulen, der den Tempel flankierte. In der Cella wurden neben Mars, Venus und Caesar verehrt, den vorliegenden Platz schmückte zudem eine Quadriga mit Augustus. Im neuen Forum lag das Gericht und ein Handelszentrum. Es bildete aber vor allem den Rahmen für die Siegesfeiern für die militärischen Erfolge von Augustus: nur er sollte dort die militärischen Siege feiern, deren Siegesbeuten im Forum deponiert wurden.

Über der linken Exedra wurde im 12. Jh. an den antiken Mauern das **Haus Der Rhodischen Ritter (tf.G - nr.71)** gebaut, Sitz des Tempelordens der Ritter des Heiligen Johannes, Johanniterorden, (der später von Jerusalem nach Rhodos und Malta übersiedelte und nach den Inseln Rhodischer Ritterorden und anschließend Malteser-Orden benannt wurde): die drei schönen Fenster wurden in der ersten Hälfte des 15. Jh. renoviert. In dem Haus befindet sich das *Antiquarium* des Augustusforums, das nicht besichtigt werden kann.

Forum Transitorium (tf.G - nr.73) oder Nervaforum. Unter Domitian konstruiert, und 92 n.Chr. von dessen Nachfolger Nerva eingeweiht. Ins Nervaforum, das als foro transitorio bezeichnet wurde, weil es als rechteckiger Raum zwei bestehende Plätze verband, gelangte man vom Augustusforum aus. Der vordere Teil, der unter der Via dei Fori Imperiali liegt, erstreckte sich bis zur *Basilica Aemilia* im Forum Romanum, der hintere Teil mit seinem Minerva-Tempel lehnte sich wie das Augustusforum an die hohe Mauer zur *Subura* (von Sub und urbs: "suburbio") an. Von ihm sind nur wenige Reste des Podiums erhalten, nachdem im 17. Jh.- als er noch beinahe vollständig stand,-Papst Paul V. die wertvollen Marmorteile als Baumaterial für die Acqua Paola nutzte. Zur Via Cavour hin stehen noch zwei Säulen der Umfassungsmauer aufrecht und Reste der Attika, in der die Göttin Minerva erkennbar ist. Das Gebälk zeigt weibliche Handwerksarbeit, die unter dem Schutz der Minerva stand. Bei den relativ gut erhaltenen Dekorationsarbeiten handelt es sich vermutlich um den Mythos der Aracne, die die griechische Pallas Athen in der Kunstfertigkeit des Webens herausforderte und von der Göttin zur Strafe in eine Spinne verwandelt wurde.

Nerva (Marcus Cocceius Nerva)*. Der Senator Nerva wird nach dem Tod des Domitian 96 n.Chr. vom Senat zum Imperator ausgerufen. Er versucht, dem Rat der Ältesten, Senat, seine Regierungsvollmachten zurückzugeben und führt Steuererleichterungen für die ärmeren Schichten ein. Sein Todesjahr ist 98 n.Chr..*

Friedensforum (tf.G - nr.75), oder Vespasiansforum wurde von Vespasian zwischen 71 und 75 n.Chr. nach den Judäischen Kriegen (im heutigen Israel-Palästina) erbaut. Es liegt unter der Via dei Fori Imperiali.

Torre dei Conti (tf.G - nr.74) wurde von Papst Innozenz III. (1198-1216) - aus der Familie der Conti - als Fluchtturm während der blutigen Auseinandersetzungen zwischen den mächtigen Familien Roms errichtet.

San Lorenzo In Miranda (tf.G - nr.16). Auf der anderen Seite der Via dei Fori Imperiali steht vor dem Eingang zum Forum eine Marmorsäule des Portikums aus dem Friedensforum. In ihrer Nähe liegt die Kirche San Lorenzo in Miranda, die im 7. Jh. in die Cella des *Tempels des Antoninus und der Faustina (tf.G - nr.15)* eingebaut wurde. Ihre Fassade und der Innenraum wurden im barocken Stil erneuert. Auf dem Hauptaltar das *Martyrium des Heiligen Lorenz* von Pietro da Cortona (um 1640) und in der ersten Seitenkapelle links eine *Madonna mit Kind und Heiligen* von Domenichino (um 1626).

Hl. Lorenz*. Spanier. Er wird 256 während der Christenverfolgungen auf einem glühenden Rost verbrannt. Der Kirche war ein Kloster angegliedert worden, von dem nichts erhalten blieb.*

Santi Cosma e Damiano (tf.G - nr.8). Entstand im 6. Jh. vermutlich in der Bibliothek des Friedensforums und wurde vom Gotenkönig Theodorich Papst Felix IV. (526-530) geschenkt. Im 17. Jahrhundert wurde das Innere im barocken Stil ausgestaltet. Das schöne Mosaik in der Apsis aus der Zeit von Papst Felix IV. zeigt Christus mit der Schriftrolle des göttlichen Gesetzes zwischen den Aposteln Petrus und Paulus, und den Kirchenpatronen Kosmas und Damian. Seitlich Papst Felix mit dem Modell der Kirche, der heilige Theodor und zwei Palmen als Symbol der Auferstehung. Die Kronen in den Händen von Kosmas und Damian symbolisieren ihr Martyrium. Das Mosaikbild im Triumphbogen mit Szenen der biblischen Offenbarung (das mystische Lamm, die Schriftrolle mit den sieben Siegeln, der siebenarmige Kandelaber, die Symbole der Evangelisten) stammt aus den Jahren 692 bis 701.

Hl. Kosman und Damian. *Orientalische Märtyrer. Zwei Brüder und beide Ärzte, denen legendäre Taten zugeschrieben werden.*

Santa Francesca Romana (tf.A - nr.3). wird auch als Santa Mara Nova bezeichnet (wegen der umfangreichen Erneuerung über der alten Kirche). Wurde im 9. Jh. gebaut und in der zweiten Hälfte des 12. Jh. umfangreich renoviert. Aus dieser Zeit stammt der fünfstöckige Campanile. Die Fassade wurde barock neu gestaltet, das Innere

36. Trajan-Forum, Kuppel von S. Maria di Loreto und von Santissimo Nome di Maria

in der zweiten Hälfte des 17. Jh. ausgeschmückt. In der Apsis eine *Madonna mit Kind und Heiligen* aus der zweiten Hälfte des 12. Jh.. In der Sakristei wird ein besonders wertvolles mittelalterliches Tafelbild der *Madonna* aufbewahrt, das ein griechischer Künstler im 6. oder 7. Jh. malte.

Hl. Francesa aus Rom. *1384-1440. Aus nobler römischer Familie. Als exemplarische Tochter, Ehefrau, Mutter wegen ihrer Wohltaten verehrt in einer tragischen Zeit der römischen Geschichte: Sie ist berühmt wegen ihrer karitativen Hingabe und Ordensgründerin. Die Kirche wurde nach ihr berannt, weil sie nach ihrem Tod dort aufbewahrt wurde.*

Trajansforum (tf.G - nr.68). Das zuletzt angelegte und größte Kaiserforum ließ Kaiser Trajan 107 nach seinen siegreichen Kriegen in Dakien (heute Rumänien) vom Architekten Apollodorus aus Damaskus entwerfen. Um ausreichend Platz für die große Anlage zu schaffen, wurden ein Teil des Sattels, der das Kapitol und den Quirinalshügel verband, und der dort liegenden ersten Stadtmauern abgetragen. Ins Forum gelangte man vom Forum des Augustus zu einem zentralen, mit Säulen umrahmten Platz: Daneben zwei Exedren vor der **Basilika Ulpia (tf.G - nr.68/A)**, nach Trajans Familiennamen *Ulpius* so bezeichnet. Mit 170 mal 60 Metern war sie die größte Basilika Roms, 70 Meter länger als die Maxentius-Basilika im Forum Romanum. Hinter der Basilika liegt die **Trajanssäule (tf.G - nr.68/B)**: Zwölf übereinandergeschichtete Marmorblöcke mit dem 200 Meter langen, spiralförmig angelegten Relieffries mit den Kriegstaten des Kaisers gegen die Daker. Die Säule ist das bedeutendste Monument politischer Propaganda, das uns aus der Antike erhalten blieb. Im Sockel befindet sich die Grabkammer des Kaisers, in der seine Aschenurne beigesetzt wurde. Darüber besagt eine Inschrift, daß die Säule 40 Meter hoch ist, so hoch wie der Sattel, der für den Bau des Trajansforums abgetragen worden war. Auf der Säule wurde im 16. Jh. eine Bronzestatue des Apostel Petrus anstatt der früheren Kaiserstatue plaziert. Neben der Säule lag die **Bibliothek Ulpia (tf.G - nr.68/C)** mit den handgeschriebenen Papyrusrollen der antiken Schriften. Hadrian, der Nachfolger Trajans, ließ im Forum nach dessen Tod einen grandiosen **Tempel (tf.G - nr.68/F)** bauen. Die beiden Kirchen **Santa Maria di Loreto (tf.G - nr.68/D)** und **Santissimo Nome di Maria (tf.G - nr.68/E)** auf der Piazza Venezia. Beide Kirchen haben einen Zentralbau-Plan aus dem 16. Jh. die erste, aus dem 18. Jh. die zweite. (Loreto ist ein bekannter mittelitalienischer Wallfahrtsort der Gottesmutter).

Trajansmärkte (tf.G - nr.69). Die Exedra-Fassade der Märkte ist heute von der Basilika getrennt, war in der Kaiserzeit jedoch harmonisch mit den anderen Bauten des Trajansforums verbunden. Die Märkte, etwa 50 Ladenlokale auf mehreren Ebenen, wurden geschickt am Gefälle des Quirinalshügels hinter dem mit Marmor gepflasterten Hauptplatz angelegt. In der ersten Etage mit Travertinstein verkleidete tabernae (Läden) in Halbfaßform, deren geschlossene Seiten durch Fenster Licht bekamen. Im zweiten Stockwerk eine Reihe von Bogenfenstern zum Korridor, auf dessen anderer Seite die Lokale lagen. Im dritten Stock befanden sich auf der oberen Seite vermutlich Marktbuden (von denen keine Reste erhalten sind), an denen Getränke zur *Via Biberatica* (von *biber*, Getränk) hin angeboten wurden. Mehrere Läden waren offenbar das, was wir heute Bar nennen und die alten Römer als thermopalca bezeichneten. Die Straße behielt ihre ursprüngliche Form. In das Forum gelangt man von der Via IV. Novembre über der Piazza Venezia aus zunächst in einen großen Saal mit seitlich jeweils sechs Läden. Im zentralen Halbrund lagen wahrscheinlich die Büros der Märkte.

Haus der Ritter von Rhodi (tf.G - nr.71). Eine elegante Loggia aus dem 15. Jh. erhebt sich rechts von den Trajansmärkten. Teil des Hauses des Ritterordens von Rhodi, das im *Augustusforum (tf.G - nr.72)* liegt.

Torre delle Milizie (tf.G - nr.70). Über den Trajansmärkten liegt der größte, 51 Meter hohe, mittelalterliche Geschlechterturm Roms. Er wurde im 13. Jahrhundert über einer Kaserne von byzantinischen Milizen errichtet und danach benannt und gehörte im Laufe der Jahrhunderte verschiedenen Adelsfamilien, die ihn als Verteidigungsturm bei ihren Fehden nutzten. 1312 residierte in dem Wehrturm der deutsche Kaiser Heinrich VII., als er zur Kaiserkrönung nach Rom gekommen war und hier die guelfische Partei bekämfte.

37. Trajans-Märkte

DIE RÖMISCHEN KAISER

DAS JULISCHE KAISERHAUS		
Augustus	27 v.Chr.-14.n.Chr.	p.21
Tiberius	14-37	45
Caligula (ermordet)	37-41	45
Claudius	41-54	12
Nero (Selbstmord)	54-68	12
FLAVIER		
Vespasian	69-79	11
Titus	79-81	12
Domitian (ermordet)	81-96	12
DAS ANTONINISCHE KAISERHAUS		
Nerva	96-98	58
Trajan	98-117	30
Hadrian	117-138	11
Antoninus Pius	138-161	19
Marc Aurel	161-180	51
Commodo (ermordet)	180-192	51
SEVERER		
Septimius Severus	193-211	32
Caracalla (ermordet)	211-217	63
Macrino (ermordet)	217-218	40
Elagabal (ermordet)	218-222	40
Severus Alexander (ermordet)	222-235	40
Diokletian	284-305	28
Maxentius (stirbt im Kampf)	306-312	13
Konstantin	306-337	13
Konstanz II	337-361	32
Julius Apostata (stirbt im Kampf)	360-363	33
Romulus Augustulus (abgesetzt)	475-476	25

Im Jahr 395 wird das Imperium in das weströmische und das oströmische Reich mit der Hauptstadt Konstantinopel (heute Istanbul) aufgeteilt. Das Ende des weströmischen Reiches fällt ins Jahr 476, des oströmischen mit der Eroberung der Ottomanen (Türken) ins Jahr 1453. Das oströmische Reich erhält den Namen Byzanz, der griechische Name Konstantinopel bleibt. Nominell bleibt die Machtausübung beim Osten, der die westliche Halbinsel im 6.-7. Jh. militärisch besetzt. In Rom übt seit dem 5. Jh. der Papst die Herrschaft aus. Ab dem 9. Jh. gehört Rom zum Heiligen Deutschen Reich.

38. Ponte Rotto

Forum Olitorium und San Nicola in Carcere (tf.H - nr.76). Der Gemüsemarkt (von olus, Gewürz, Hülsenfrüchte) lag im republikanischen Rom außerhalb der Mauern zwischen dem Forum und dem Tiber (s. Plan S.6). Dort befanden sich drei Tempel aus dem 3. und 2. Jh. v.Chr. der Tempel der *Spes*, Hoffnung, der *Juno* und des *Janus* (s.S.42 und 31). Die Säulen dieser alten Heiligtümer sind in den Außenmauern der Kirche San Nicola eingefügt. Das christliche Gotteshaus wurde wahrscheinlich schon im 7. Jh. über den drei Markttempeln errichtet, und im 12. und 16. Jh. stark restauriert. Die Fassade von Giacomo della Porta stammt aus dem Jahr 1599, das Innere wurde auch noch im 18. und 19. Jh. weiter ausgeschmückt. 1932 wurde der Campanile aus dem 12. Jh. wieder freigelegt. *Nicola* war Bischof im süditalienischen Bari, griechischen Ursprungs. Die Bezeichnung in carcere - im Kerker - erhielt die Kirche von einem wenig entfernten byzantinischen Gefängnis.
Gegenüber der Kirche stehen am Fuße des Kapitols ein restauriertes *Mittelalterliches Haus mit Turm* und ein *Portikus (tf.H - nr.77)* aus Tuffstein (1. Jh.v.Chr.), der im alten Marktviertel lag.

Heiligtum des Sant'Ombono (tf.H - nr.78) Innerhalb der Servianischen Mauern kamen in den Jahren 1936-37 beim Abriß eines Hauses die Ruinen von zwei Tempeln aus dem 6. Jh.v.Chr. ans Tageslicht. Sie waren der Göttin *Fortuna* (des Glücks) und der *Mater Matuta*, der

Schutzgöttin des Sonnenaufgangs, gewidmet. Die Kapelle von Sant Ombono wurde 1575 von der Schneiderzunft renoviert und deren Schutzpatron Ombono geweiht. Ombono war ein Händler, der im 12. in Como lebte, seinen ganzen Reichtum den Armen schenkte und dann als Schneider die "Nackten" kleideten. Die Kapelle war in einem Krankenhaus eingerichtet worden.

Porto Tiberino (tf.H - nr.79). Der antike römische Hafen lag südlich des Gemüsemarktes innerhalb der Servianischen Mauern und begrenzte im Westen das Forum Boarium: die Lagerhallen lagen an der Stelle des großen Palastes aus den 30er Jahren. Daneben Reste eines *mittelalterlichen Hauses (tf.H - nr.81)*, das im 11. Jh. unter Verwendung antiker Spolien als Hafenamt errichtet wurde.

Ponte Rotto (tf.H - nr.80). Die Römer nennen den alten *Pons Aemilius*, der 1598 bei einer Überschwemmung einstürzte, den ponte rotto, die kaputte Brücke. Der Zensor Aemilius Lepidus ließ sie 179 v.Chr. errichten. Scipione Emiliano, der Sieger von Karthago, legte 142 v.Chr. die Steinbögen an.

Tempel des Portunus (tf.H - nr.82). Portunus ist der römische Schutzgott der Häfen, dessen Feiertag am 17. August begangen wurde. Der ionische Tempel wurde im 2. Jh. v.Chr. errichtet und ein ein Jahrhundert später renoviert.

Tempel von Ercole Vincitore (tf.H - nr.83). Der Tempel wurde im 2. Jh. v.Chr. für Herkules, dem Besieger des Caco, (s. S. 41) aus griechischem Marmor gebaut. Der Architrav und das Gesims blieben nicht erhalten.

Bogen der Geldwechsler und Kirche San Giorgio in Velabro (tf.H - nr.85). Er hat die Form eines Portals und war einer der alten Eingänge zum Forum Boarium aus dem Jahr 204 n.Chr.. Er wurde von den *argentari* (Geldwechsler) und den *negotiantes boari* (Viehhändler) zu Ehren des Kaisers *Septimius Severus* und seiner Familie errichtet. Die beiden Pilaster (einer davon Teil der Kirche San Giorgio in Velabro) zeigen Reliefs mit der Kaiserfamilie: rechts Septimius Severus beim Opfer, bei dem er langsam eine Flüssigkeit verschüttet. Daneben seine Frau Giulia Domma mit erhobener Hand zum Zeichen des Segens und der Macht. Eine orientalische Tradition, die

TAFEL H - FORUM BOARIUM

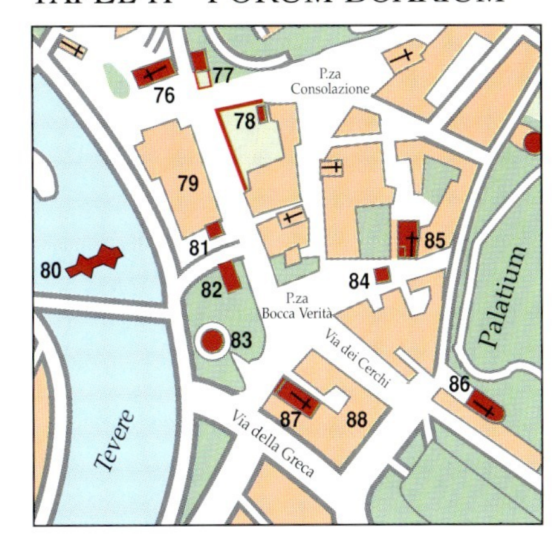

später die Christen übernehmen. Links ihr Sohn Caracalla beim Opfer. Daneben waren Geta, Platuilla und Plaziano, der Bruder, die Frau und der Schwiegervater gemeißelt, die nach ihrer Ermordung und der Verurteilung zur damnatio memorae abgekratzt wurden. Auf der linken Front vorne nochmals Caracalla und außen römische Soldaten mit einem gefangenen Barbaren. Zwischen den korinthischen Kapitellen geflügelte Viktorien und der Genius des römischen Volkes (symbolisiert für alle Römer). Im unteren Fries ist an den Pilastern das Opfer eines Stiers dargestellt. Die *Kirche San Giorgio* stammt aus dem 7. Jh. und ist einem unter Diokletian des Märtyrertods gestorbenen Legionärs gewidmet. In der Kirche sind sein Haupt und sein Schwert aufbewahrt. In den 20er Jahren unseres Jahrhunderts wurde das Gotteshaus von den barocken Überstrukturen befreit und weitgehend in ihre Struktur aus dem 9. Jh. (als sie stark renoviert wurde) zurück versetzt. Der Glockentrum stammt aus dem 12. Jahrhundert.

Caracalla (Marcus Aurelius Severus Antoninius). *Folgt seinem Vater Septimius Severus auf den Thron im Jahr 211. Der gewalttätige Tyrann wird 217 erst 31 Jahre alt von einem von* **Macrino** *(s.S.44) aufgewiegelten Leibwächter getötet. Macrino ist sein Nachfolger.*

Janus-Bogen (tf.H - nr.84). Der Janus-Bogen (von janus, Durchgangstor) war eine überdachte Straßenkreuzung im belebten Forum Boarium. Die vier Pilaster sind mit Marmor verkleidet, in den vier Volta-Bögen sind die sitzenden Figuren der Roma und der Juno und stehend Minerva und Cerere gemeißelt. Er wurde im 4. Jh.n.Chr.

unter Konstantin II. errichtet und im Mittelalter zur Festung umfunktioniert. In den 20er Jahren riß man die Attika ab, weil man sie fälschlicherweise für einen Teil der mittelalterlichen Überstruktur hielt. Unter dem Bogen lag die *Kloake Maximus (s.S.44)*. Gleich in der Nähe, zu Füßen des *Germal (tf.C - nr.66)* am Palatin verfing sich dem Mythos zufolge der Korb mit den Zwillingen Romulus und Remus.

Sant'Anastasia (tf.H - nr.86). Am Fuße des Palatins, liegt hinter einer Häuserreihe aus dem 17. Jh. an der Via dei Cerchi das Religionsinstitut der byzantinischen kaiserlichen Würdenträger, die im 6. und 7. Jh. auf dem Palatin lebten. Es wurde über einem christlichen Zentrum aus dem 3. Jh. (der domus ecclesia, Versammlungshaus) gebaut, dessen Reste unter dem Fußboden der Kirche liegen. Die Fassade stammt aus dem Jahr 1634, das Innere wurde von 1721 bis 1722 ausgeschmückt. *Anastasia*, eine Griechin aus Sermium, dem antiken Mitrovica im heutigen Serbien, starb im 3. Jh. unter Diokletian den Märtyrertod. Der Legende nach lag hier in etwa die lupercale, die Grotte, in der Romulus und Remus von der Wölfin gesäugt wurden.

39. Bocca della Verità

Mithräum (tf.H - nr.88) 1931 wurde beim Abriß des umliegenden mittelalterlichen Viertels ein Ziegelbau aus dem 2. Jh.n.Chr. entdeckt, vermutlich Amtsstuben, in denen im 3. Jh.n.Chr. ein Mithräum (Tempel des Gottes Mithra) angelegt wurde. Mithra ist der arische Lichtgott (Arianer - indo-iranische Bevölkerung), dessen mystischer Kult ins Jahr 1.700 v. Chr zurückgeht und von kilikischen Seeräubern nach Griechenland und über die römischen Legionen im Orient nach Rom gelangte. Entlang der mit Marmor verkleideten Mauern eine Schranke, hinter der die Gläubigen dem Opfer des Stiers beiwohnten als Symbol für Mithra als Töter des Urstiers, aus dessen Eingeweiden der Religion zufolge das Leben kommt.

Santa Maria in Cosmedin (tf.H - nr.87). Die romanischen Strukturen aus dem 13. Jh. wurden im 19. Jahrhundert nach dem Abbau der barocken Überstruktur aus dem Jahr 1718 wieder in ihren ursprünglichen Zustand versetzt. In Dokumenten ist die Kirche der Hl. Maria in Kosmedin erstmals im 6. Jh. mit der Bezeichnung Santa Maria in Schola Graeca (Zentrum einer byzantinischen Gemeinschaft) zu finden. Im 7. Jh. erhält sie den Beinamen Kosmedin (vom griechischen *kosmios*, gut gemacht). Im Laufe der Jahrhunderte wurde sie mehrfach renoviert. Das Wort Schola bezeichnete im Mittelalter eine ausländische Gemeinschaft. Der hohe romanische Glockenturm stammt aus dem 12. Jh.. In der Vorhalle wurde 1632 eine antike Brunnenmaske, vermutlich der Kloake Maximus, gemauert: die **Bocca della Verità,** der Mund der Wahrheit. Dem Volksmund zufolge soll der Mund der Maske zubeißen, wenn ein Lügner die Hand hineinsteckt. Im Innenraum der Kirche bilden die schola cantorum (Marmorschranken mit seitlichen Kanzeln vor dem Altar), der kosmatische Fußboden aus dem 12. Jh., der gotische Altarbaldachin und der Osterleuchter aus dem 13. Jh. eine wertvolle Ausstattung. Die Säulen an der Umfassungsmauer und in der Sakristei sind Ruinen eines Tempels aus dem 1. Jh. n. Chr, der vermutlich zur *Ara Maxima des Herkules (s.S.41)* gehörte. Der Tritonen-Brunnen vor der Kirche stammt aus dem Jahr 1715, das umliegende mittelalterliche Viertel wurde 1935 abgerissen.